AF320361

Alles über Zecken Zeckenbiss Mensch & Tier

Antworten auf häufig gestellte Fragen zu Zeckenstich, Zecken entfernen, Infektion, Impfung

Herausgegeben von: Holger Kiefer
(https://heil-weg.de)
Verlagslabel: Heil-Weg-Verlag
ISBN:
Softcover 978-3-384-26824-2
Hardcover 978-3-384-26825-9
Großschrift 978-3-384-26826-6
E-Book 9783759229434
Druck und Distribution im Auftrag :
tredition GmbH, Heinz-Beusen-Stieg 5, 22926
Ahrensburg, Germany

Vorwort

Die Inhaltsbeschreibung für das Buch könnte wie folgt lauten:

"Zecken: Gefährliche Kleintiere und wie man sich schützt"
Es ist ein umfassendes Handbuch, das Einblicke in die Welt der
Zecken bietet. Das Buch beginnt mit einer Einführung in die
Lebensweise und Verbreitung von Zecken, gefolgt von einem
detaillierten Blick auf den gemeinen Holzbock, einer der
häufigsten Arten in Deutschland. Es beleuchtet die Beziehung
zwischen Zecken und Menschen, einschließlich der von
Zecken übertragenen Krankheiten wie Lyme-Borreliose und
FSME.

Leser erfahren, wie Zecken aussehen und wo sie Menschen
beißen, sowie wie man feststellen kann, ob man von einer
Zecken gebissen wurde. Die Beschreibung der Symptome
allergischer Reaktionen und durch Zecken übertragener
Krankheiten ist besonders wichtig für die Erkennung und
frühzeitige Behandlung.

Das Buch bietet praktische Ratschläge zur Behandlung von
Zeckenbissen, darunter Schritte zur richtigen Entfernung einer
Zecke und wann ein Arzt aufgesucht werden sollte. Es gibt
auch Informationen zu Vorbeugungsmaßnahmen gegen
Infektionen durch Zeckenbisse, einschließlich der FSME-
Impfung und deren Empfehlungen.

Zusätzlich enthält das Buch eine Liste häufig gestellter Fragen
zu Zeckenbissen, natürliche und synthetische Abwehrmittel
sowie bewährte Verfahren zum Schutz vor Zecken. Es endet
mit einem Abschnitt über die Erfahrung mit Zeckenbissen und

Tipps zur Behandlung sowie einem Blick auf die älteste entdeckte Zecke der Welt.

Mit wissenschaftlichen Erkenntnissen und praktischen Tipps ist dieses Buch ein unverzichtbares Werkzeug für jeden, der sich vor Zecken schützen möchte. Es ist sowohl für Einzelpersonen als auch für Familien gedacht, die gerne im Freien sind und sich über die Risiken informieren möchten, die mit den kleinen Parasiten verbunden sind.

Inhaltsverzeichnis

Einleitung

Dieser Ratgeber stellt keine medizinische Diagnose oder Hinweise zur medizinischen Behandlung dar. Für weitere Fragen wenden Sie sich bitte an ihren Arzt, Heilpraktiker oder Apotheker.

Die häufigsten Suchanfragen zum Thema Zecken im Internet beziehen sich auf verschiedene Aspekte wie Schutz vor Zeckenstichen, Entfernung von Zecken, Krankheiten, die durch Zecken übertragen werden können, und die Zeckenarten, die in Deutschland vorkommen. Hier sind einige der häufigsten Fragen, die Menschen stellen:

- **Welche Krankheiten können in Deutschland durch Zecken übertragen werden?**
- **Wann kommen Zecken vor?**
- **Welche Zeckenarten übertragen in Deutschland Krankheitserreger?**
- **Welche Rolle spielt der Klimawandel bei der Verbreitung von Zecken und zeckenübertragenen Erkrankungen?**
- **Wie gefährlich sind Hyalomma-Zecken, die ab und zu in Deutschland gefunden werden?**
- **Wie gelangen die Zecken auf den Menschen?**
- **Spricht man bei Zecken von einem Zeckenbiss oder Zeckenstich?**
- **Wohin stechen Zecken bevorzugt?**

- **Gibt es Menschen, die für Zecken besonders attraktiv sind?**
- **Wie hoch ist das Risiko, nach einem Stich an FSME oder Borreliose zu erkranken?**
- **Wie kann ich mich vor Zeckenstichen schützen?**
- **Warum ist das Absuchen nach Zecken wichtig?**
- **Ist Duschen nach einem Aufenthalt in einem mit Zecken belasteten Gebiet sinnvoll, um Zeckenstiche zu vermeiden?**
- **Wie wird eine Zecke richtig entfernt?**
- **Was ist nach einem Zeckenstich zu beachten?**
- **Ist eine Untersuchung einer Zecke auf Infektionserreger nach einem Stich sinnvoll?**
- **Besteht ein Infektionsrisiko für ein ungeborenes Kind, wenn die Mutter von einer Zecke gestochen wurde?**
- **Können Borrelien oder FSME-Viren auch auf anderen Wegen übertragen werden?**

Diese Fragen spiegeln die allgemeinen Bedenken und das Informationsbedürfnis der Menschen in Bezug auf Zecken und die damit verbundenen Gesundheitsrisiken wider.

Ich werde daher auf folgende Themen eingehen, wenn auch nicht chronologisch, so doch im jeweiligen Gesamtzusammenhang:

1. **Wie entfernt man eine Zecke richtig?**
2. **Wie schützt man sich vor Zeckenstichen?**

3. **Welche Krankheiten können Zecken übertragen?**
4. **Wann ist die Zeckensaison?**
5. **Welche Zeckenarten gibt es in Deutschland?**
6. **Wie hoch ist das Risiko, an FSME oder Borreliose zu erkranken?**
7. **Was sollte man nach einem Zeckenstich beachten?**
8. **Können Zecken Krankheiten wie FSME oder Borreliose auf andere Weise übertragen?**
9. **Gibt es Menschen, die für Zecken besonders attraktiv sind?**
10. **Welche Rolle spielt der Klimawandel bei der Verbreitung von Zecken?**

Diese Liste basiert auf meiner Annahme, dass Fragen zur Entfernung und zum Schutz vor Zecken sowie zu den durch sie übertragenen Krankheiten am häufigsten gestellt werden.

Wo kommen Zecken vor?

Hier ist eine übersichtliche Zusammenfassung der RKI-Daten über FSME-Risikogebiete in Deutschland:

FSME-Risikogebiete (Stand: Januar 2024):

- **Hauptgebiete:** Bayern, Baden-Württemberg, Südhessen, südöstliches Thüringen, Sachsen, südöstliches Brandenburg (seit 2022).
- **Weitere Gebiete:** Mittelhessen, Saarland, Rheinland-Pfalz, Niedersachsen, Nordrhein-Westfalen.

- **Neue Risikogebiete:** Stadtkreis Frankfurt (Oder) in Brandenburg, Landkreis Altenburger Land in Thüringen.
- **Anzahl der Kreise:** Aktuell 180 Kreise als FSME-Risikogebiete ausgewiesen.

FSME-Erkrankungen (2023):

- **Anzahl der Erkrankungen:** 475 (16% Abnahme gegenüber 565 im Jahr 2022).
- **Impfstatus:** 99% der Erkrankten waren nicht oder unzureichend geimpft.

Empfehlungen:

- **Impfquoten steigern:** Besonders in Gebieten mit hoher FSME-Inzidenz.
- **Aufklärung:** Verstärkte Information über den Nutzen der FSME-Impfung in Kreisen mit hoher Krankheitslast.

Diese Zusammenfassung hebt die wichtigsten Punkte hervor und bietet einen klaren Überblick über die aktuelle Situation der FSME-Risikogebiete und Erkrankungen in Deutschland.

FSME-Risikogebiete in Deutschland

ROBERT KOCH INSTITUT

Basis: FSME-Erkrankungen, die dem RKI in den Jahren 2002–2023
übermittelt wurden, n = 7.295; Stand: 29.1.2024

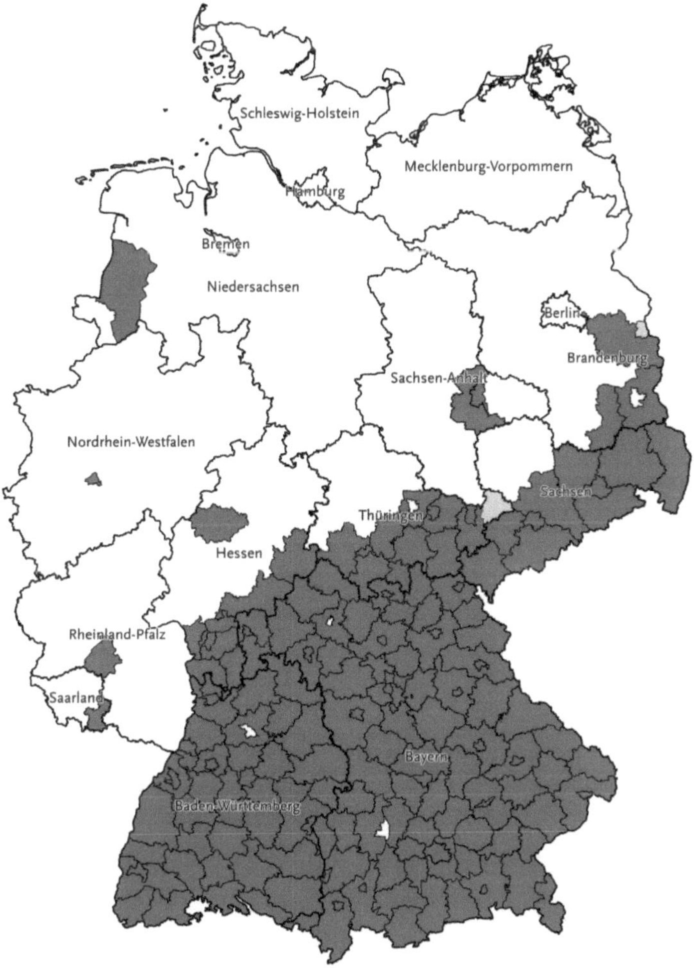

Ein Kreis wird als FSME-Risikogebiet definiert, wenn die Anzahl der übermittelten FSME-Erkrankungen in mindestens einem der 18 Fünfjahreszeiträume im Zeitraum 2002–2023 im Kreis ODER in der Kreisregion (bestehend aus dem betreffenden Kreis plus allen angrenzenden Kreisen) signifikant (p < 0,05) höher liegt als die bei einer Inzidenz von 1 Erkrankung/100.000 Einwohner erwartete Fallzahl.

Kreise, die im Jahr 2024 zum Risikogebiet ausgewiesen werden: LK Altenburger Land, SK Frankfurt (Oder)

Kein Risikogebiet
Kreise, die in Baden-Württemberg, Bayern und Sachsen keine Risikogebiete sind: Baden-Württemberg: SK Heilbronn; Bayern: SK Augsburg, SK Schweinfurt; Sachsen: SK Leipzig, LK Leipzig, LK Nordsachsen

Der gemeine Holzbock

In Deutschland ist der Gemeine Holzbock (Ixodes ricinus) die am weitesten verbreitete Zeckenart. Er ist für den größten Teil der Zeckenstiche bei Menschen verantwortlich. Diese Schildzeckenart kommt vorwiegend in Europa vor. Die Zecken klettern auf exponierte Stellen wie Grashalme, Gebüsche oder herumliegendes Totholz und warten in einer Höhe von weniger als einem Meter, häufig sogar nur zwischen 10 und 50 cm über dem Boden. Anders als die Ixodes-Zecken krabbeln Auwald-, Relikt- und Hyalommazecken **aktiv auf den Menschen zu**. Zecken fallen nicht von Bäumen und können auch nicht springen.

Warum habe ich auf diese Zecken-Art hingewiesen?

DZIF-Wissenschaftler in München untersuchten die Ausbreitung der Frühsommer-Meningoenzephalitis – FSME – in Deutschland und stießen dabei auf einen neuen möglichen Überträger der gefürchteten Hirnhautentzündung: die Zeckenart namens Ixodes inopinatus.

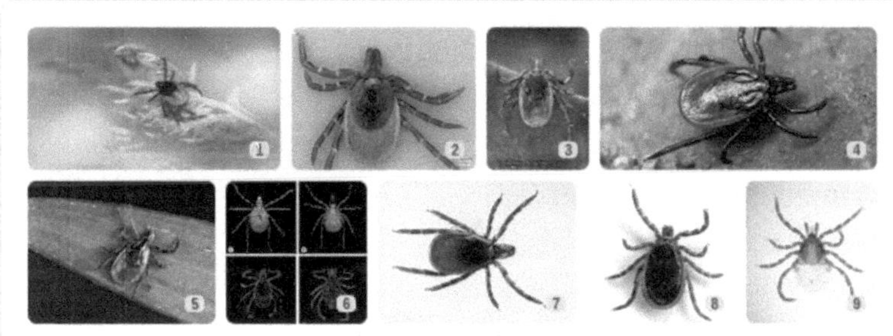

Beziehung zu Menschen

Von Zecken übertragene Krankheiten

Zeckenbisse:
* Identifizierung,
* Symptome und
* Behandlungsmöglichkeiten

Zeckenbisse können eine kleine Beule verursachen. Wenn Sie andere Symptome wie einen Ausschlag bemerken, kann dies auf eine allergische Reaktion oder eine Infektion mit einer von Zecken übertragenen Krankheit hindeuten.

Zeckenbisse sind oft harmlos und verursachen keine Symptome. Zecken können jedoch allergische Reaktionen auslösen, und einige Arten können Krankheiten auf Menschen und Haustiere übertragen. Diese Krankheiten können gefährlich oder sogar lebensbedrohlich sein, wenn sie nicht sofort behandelt werden.

Zecken sind weltweit verbreitet. Sie leben im Freien in

Gras
Bäumen
Sträuchern
Blattansammlungen

Sie werden von Menschen und Haustieren angezogen und
können leicht zwischen beiden wechseln. Wenn Sie schon
einmal Zeit im Freien verbracht haben, sind Ihnen
wahrscheinlich schon einmal Zecken begegnet.

In diesem Buch helfen wir Ihnen, Zecken und Zeckenbisse zu
erkennen, und zeigen Ihnen die Symptome von durch Zecken
übertragene Krankheiten auf. Außerdem erfahren Sie, was Sie
tun können, wenn Sie von einer Zecke gebissen werden.

Wie sehen Zecken aus?

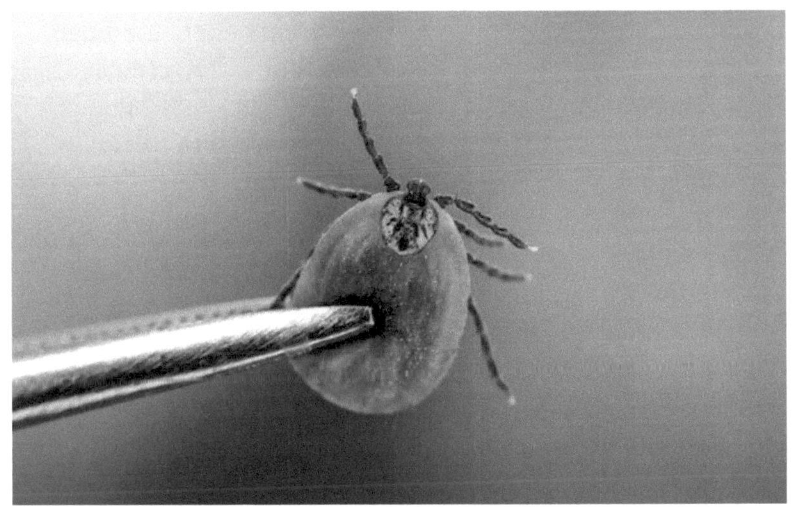

Zecken sind kleine, blutsaugende Insekten. Sie sind so klein
wie ein Stecknadelkopf oder so groß wie ein Radiergummi.
Zecken haben acht Beine. Sie gehören zu den Spinnentieren,
sind also mit Spinnen verwandt.

Die verschiedenen Zeckenarten sind braun, rotbraun oder
schwarz gefärbt.

Wenn sie mehr Blut aufnehmen, wachsen Zecken. Sie können
bis zu einer Größe von etwa einer Murmel anwachsen.
Nachdem eine Zecke mehrere Tage lang Blut gesaugt hat,
schwillt sie an und kann eine grünlich-blaue Farbe annehmen.

Wo beißen Zecken Menschen?

Zecken bevorzugen warme, feuchte Körperstellen. Laut den Centers for Disease Control and Prevention (CDC) (einer vertrauenswürdigen Quelle) wandert eine Zecke, sobald sie sich auf Ihrem Körper befindet, wahrscheinlich in folgende Bereiche:

Achselhöhlen
Leistenbereich
Haare
Kniekehlen
in der Bauchnabelgegend
um die Taille
in und um die Ohren

Zecken wandern jedoch nicht immer. Wenn Sie sich in einer Situation befunden haben, in der Sie von einer Zecke gebissen worden sein könnten, sollten Sie Ihren gesamten Körper untersuchen.

Wenn eine Zecke eine geeignete Stelle erreicht, saugt sie sich an der Haut fest und beginnt mit der Blutaufnahme. Im Gegensatz zu den meisten anderen Insekten, die stechen, bleiben Zecken nach dem Stich in der Regel an Ihrem Körper haften.

Wenn Sie von einer Zecke gebissen werden, werden Sie dies wahrscheinlich bemerken, da Sie eine Zecke auf Ihrer Haut finden. Sie werden den Biss wahrscheinlich nicht spüren.

Eine vollgesogene Zecke löst sich in der Regel nach einigen Tagen von selbst und fällt ab. Zuverlässige Quelle für die Blutentnahme aus Ihrem Körper.

Es ist wichtig, nach einem Zeckenbiss so schnell wie möglich einen Arzt aufzusuchen, auch wenn Sie keine Symptome haben.

In Gebieten, in denen die Lyme-Borreliose häufig auftritt, empfehlen Ärzte unter bestimmten Umständen, dass Sie sich nach einem Zeckenstich behandeln lassen, auch wenn noch keine Symptome aufgetreten sind.

Wie können Sie feststellen, ob Sie von einer Zecke gebissen wurden?

Zecken können nach dem Stich bis zu zwei Wochen lang an der Haut haften bleiben. Sie werden mit der Zeit größer und sind leichter zu erkennen.

Zecken beißen in der Regel nur einmal zu, anstatt in Gruppen oder Reihen. Die meisten harmlosen Zeckenbisse verursachen keine körperlichen Anzeichen oder Symptome.

Manche verursachen eine rote oder verfärbte Beule, die einem Mückenstich ähnelt.

Ein Lyme-Borreliose-Ausschlag kann 3 bis 30 Tage nach dem Zeckenbiss auftreten. Es können auch mehrere Ausschläge auftreten. Der Ausschlag kann sich über mehrere Tage vergrößern und eine Breite von 30 cm erreichen.

<u>Lyme-Borreliose-Test</u> bei Amazon vergleichen
https://amzn.to/3Vvzal5

Symptome einer allergischen Reaktion auf einen Zeckenbiss

Zeckenbisse sind in der Regel harmlos und verursachen keine Symptome. Wenn Sie jedoch allergisch auf Zeckenbisse reagieren, können folgende Symptome auftreten:

Schmerzen oder Schwellungen an der Bissstelle
Hautausschlag
Brennen an der Bissstelle
Blasen
Kurzatmigkeit, wenn Sie eine schwere Allergie haben

Symptome von durch Zecken übertragene Krankheiten

Zecken können Menschen mit potenziell schweren Krankheiten infizieren. Die meisten Anzeichen oder Symptome einer von Zecken übertragenen Krankheit treten innerhalb weniger Tage bis Wochen nach einem Zeckenstich auf. Dies kann je nach Krankheit variieren.

Von Zecken übertragene Krankheiten

Zu den Krankheiten, die durch Zeckenbisse übertragen werden können, gehören:

Borreliose
Rocky-Mountain-Fleckfieber
Colorado-Zeckenfieber
Tularämie
Ehrlichiose

Mögliche Symptome von durch Zecken übertragene Krankheiten sind:

Rote oder verfärbte Flecken oder Ausschlag in der Nähe der Bissstelle
Fieber
Schüttelfrost
Ausschlag am ganzen Körper
Nackensteifheit
Kopfschmerzen
Übelkeit
Schwäche
Muskelschmerzen oder -kater
Gelenkschmerzen
geschwollene Lymphknoten

Wie werden Zeckenbisse behandelt?

Wenn Sie eine Zecke entdecken, sollten Sie sie unbedingt entfernen. So können Sie möglicherweise eine durch Zecken übertragene Krankheit verhindern. Einige Studien (Trusted Source) deuten darauf hin, dass das Risiko einer durch Zecken übertragenen Krankheit umso größer ist, je länger die Zecke in der Haut verbleibt.

Entfernen Sie die Zecke nicht, wenn Sie allergisch darauf reagieren, da dies zu einer Freisetzung von mehr Allergenen und einer Verschlimmerung der Reaktion führen kann.

Reinigen Sie die Stelle nach dem Entfernen der Zecke gründlich mit einem antibakteriellen Reinigungsmittel oder einer Salbe. Ein Arzt kann die Zecke zur Analyse an ein Labor schicken, um die Art der Zecke zu bestimmen und festzustellen, ob sie Krankheitserreger in sich trägt.

Legen Sie die Zecke in ein verschließbares Glas oder einen verschlossenen Plastikbeutel und bringen Sie sie zu Ihrem Arzttermin mit.

Die Behandlung hängt davon ab, ob Sie eine allergische Reaktion auf den Zeckenbiss oder eine durch Zecken übertragene Krankheit haben.

So entfernen Sie eine Zecke

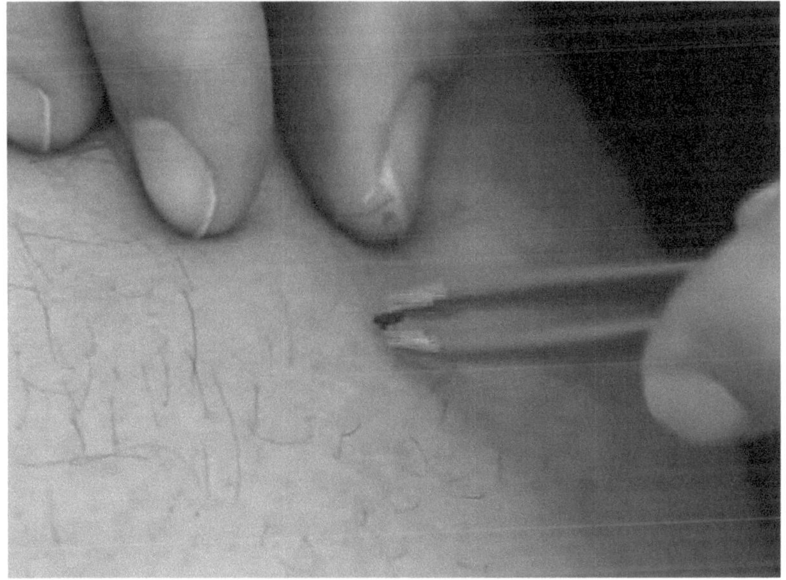

Sie können die Zecke selbst mit einem Zeckenentfernungswerkzeug oder einer feinen Pinzette entfernen. Achten Sie darauf, dass Ihre Hände und das verwendete Werkzeug sauber sind, und befolgen Sie die folgenden Schritte:

- Fassen Sie die Zecke so nah wie möglich an der Hautoberfläche.
- Ziehen Sie die Zecke mit gleichmäßigem Druck gerade nach oben und von der Haut weg.
- Versuchen Sie, die Zecke nicht zu verbiegen oder zu verdrehen.

- Überprüfen Sie die Bissstelle, um festzustellen, ob Sie Teile des Kopfes oder des Mundwerks der Zecke in der Bissstelle zurückgelassen haben. Wenn ja, entfernen Sie diese vorsichtig.
- Reinigen Sie die Bissstelle mit Wasser und tragen Sie ein alkoholhaltiges Händedesinfektionsmittel, Franzbranntwein oder Jod auf.
- Nachdem Sie die Zecke entfernt haben, tauchen Sie sie in Alkohol ein, um sicherzustellen, dass sie tot ist.
- Legen Sie sie in einen verschlossenen Behälter. Wenn Sie die Zecke aufbewahren, können Sie dem Arzt einen Nachweis für den Zeckenbiss vorlegen. Es empfiehlt sich, den Behälter mit dem Datum und dem Ort des Bisses zu beschriften.

Wann Sie einen Arzt aufsuchen sollten

Suchen Sie nach einem Zeckenbiss so schnell wie möglich einen Arzt auf. Dieser kann anhand der Zeckenart feststellen, ob eine Behandlung erforderlich ist.

In verschiedenen Landesteilen bestehen unterschiedliche Risiken, was durch Zecken übertragene Krankheiten angeht. Wenn Sie in einem städtischen Gebiet ohne viele Zecken leben und an einem anderen Ort gebissen werden, kann es sein, dass Ihr Hausarzt die Zecke nicht sofort erkennt. Wenn dies der Fall ist und Sie sich unwohl fühlen, sollten Sie eine zweite Meinung zur Behandlung einholen.

Teilen Sie dem Arzt mit, ob Sie an einem Ort gebissen wurden, der für schwere durch Zecken übertragene Krankheiten bekannt ist, wie z. B. im Westen oder Nordosten der USA.

Teilen Sie dem Arzt auch mit, ob Sie nach dem Zeckenbiss Symptome wie die folgenden entwickelt haben:

Erythema multiplemplexe Hautausschläge
Fieber
Schläfrigkeit
Muskelschmerzen
Kopfschmerzen

Wie können Sie Infektionen durch Zeckenbisse vorbeugen?

Die beste Möglichkeit, eine durch Zecken übertragene Krankheit zu vermeiden, ist, Zeckenstichen vorzubeugen. Hier sind einige Tipps zur Vorbeugung:

Tragen Sie beim Wandern in Wäldern oder auf Wiesen, wo Zecken häufig vorkommen, langärmlige Hemden und lange Hosen.
Gehen Sie auf Wegen in der Mitte.
Verwenden Sie ein Zeckenmittel mit mindestens 20 % DEET.
Behandeln Sie Kleidung und Ausrüstung mit 0,5 % Permethrin.

Duschen oder baden Sie innerhalb von zwei Stunden nach dem Aufenthalt im Freien.

Untersuchen Sie Ihre Haut nach einem Aufenthalt in zeckengefährdeten Gebieten gründlich, insbesondere unter den Armen, hinter den Ohren, zwischen den Beinen, hinter den Knien und in den Haaren.

Es dauert in der Regel mehr als 24 Stunden, bis eine Person eine durch Zecken übertragene Krankheit bekommt. Je früher Sie also eine Zecke erkennen und entfernen können, desto besser.

FSME-Impfung

Die FSME-Impfung ist der einzige zuverlässige Schutz gegen die Übertragung des FSME-Virus. Sie enthält abgetötete Viren und einen Adjuvans, um die Wirksamkeit zu erhöhen. Die Impfung kann mit anderen Impfungen kombiniert werden und ist ab dem ersten Lebensjahr möglich. Es gibt verschiedene Impfstoffe für Kinder und Erwachsene.

Impf-Empfehlung

Die STIKO empfiehlt die FSME-Impfung für Menschen in Risikogebieten oder solche, die sich dort in der Natur aufhalten oder durch ihre Arbeit Zecken ausgesetzt sind. Dazu gehören auch Hobbygärtner und Urlauber in FSME-Risikogebieten. Es ist wichtig, rechtzeitig geimpft zu sein.

Grundimmunisierung: So wird die Impfung durchgeführt

Die Grundimmunisierung gegen FSME erfolgt in drei Schritten:
1. Die erste und zweite Impfung werden im Abstand von **1 bis 3 Monaten** verabreicht.
2. Die dritte Impfung erfolgt **5 bis 9 Monate** nach der zweiten Impfung[5].

Für eine schnelle Immunisierung kann die zweite Dosis bereits **zwei Wochen** nach der ersten verabreicht werden[34]. Es ist wichtig, dass die Impfungen wie geplant durchgeführt werden, um einen wirksamen Schutz zu gewährleisten.

Quelle:
(1) FSME-Impfung | Deutsches Grünes Kreuz e.V..
https://dgk.de/impfen-und-infektionen/krankheiten-von-a-bis-z/fsme/fsme-impfung.html.
(2) FSME-IMMUN 0,5 ml Erwachsene - Pfizer.de.
https://figi.pfizer.de/sites/default/files/FI-7018.pdf.
(3) Fachinformation FSME 0,5 - Bundesministerium für Soziales, Gesundheit ....
https://www.sozialministerium.at/dam/jcr:6d2f5280-e97b-4243-9581-a840f382552e/FSME%200.5SINJ+PfS%20048%20SmPC%2001Aug2021.pdf.
(4) Antworten auf häufig gestellte Fragen zur FSME-Impfung.
https://www.rki.de/SharedDocs/FAQ/FSME/FSME-Impfung/FSME-Impfung.html.

(5) FSME-Impfung bei Erwachsenen: www.impfen-info.de. https://www.impfen-info.de/impfempfehlungen/fuer-erwachsene/fsme-fruehsommer-meningoenzephalitis/.

FSME-Impfung bei Kindern und Jugendlichen

Für Kinder und Jugendliche gibt es spezielle FSME-Impfstoffe, die nur die Hälfte der Dosis des Erwachsenen-Impfstoffs enthalten und daher gut verträglich sind. Kinder vom vollendeten 1. bis 12. bzw. 16. Lebensjahr können diese Impfstoffe erhalten. Jugendliche ab 12 bzw. 16 Jahren sollten mit dem FSME-Erwachsenen-Impfstoff geimpft werden, um einen optimalen Schutz zu gewährleisten.

Wer soll nicht gegen FSME geimpft werden?

Die FSME-Impfung sollte nicht bei Personen mit vorbestehenden Schädigungen des zentralen Nervensystems (ZNS) durchgeführt werden, da dies eine relative Kontraindikation darstellt[3]. Ansonsten gelten die üblichen Kontraindikationen gegen Impfungen[3]. Es ist wichtig, dass die Impfung nur bei Personen durchgeführt wird, die nicht gegen sie kontraindiziert sind, um sicherzustellen, dass sie keinen unerwünschten Effekt haben. Für weitere Informationen zu spezifischen Kontraindikationen sollte man sich an einen Arzt oder eine medizinische Fachkraft wenden.

Quelle:

(1) FSME-Impfung - DocCheck Flexikon.
https://flexikon.doccheck.com/de/FSME-Impfung.

(2) Antworten auf häufig gestellte Fragen zur FSME-Impfung.
https://www.rki.de/SharedDocs/FAQ/FSME/FSME-Impfung/F
SME-Impfung.html.

(3) FSME-Impfung bei Erwachsenen: www.impfen-info.de.
https://www.impfen-info.de/impfempfehlungen/fuer-
erwachsene/fsme-fruehsommer-meningoenzephalitis/.

(4) FSME-Impfung: Informationen zur Abrechnung in
Niedersachsen: AOK ....
https://www.aok.de/gp/verordnung/wirtschaftlichkeit/arzneimit
telinformationen-niedersachsen/fsme-impfung.

Nutzen und Risiken der FSME-Impfung sehr sorgfältig abwiegen bei...

Die FSME-Impfung ist eine wichtige Maßnahme zur
Vorbeugung gegen die Frühsommer-Meningoenzephalitis, eine
durch Zecken übertragene Infektionskrankheit. Hier sind einige
zusätzliche Überlegungen, die bei der Entscheidung für oder
gegen die Impfung berücksichtigt werden sollten:

- **Personen mit chronischen Erkrankungen**: Personen
  mit chronischen Erkrankungen, insbesondere solche,
  die das Immunsystem schwächen, sollten die Impfung

sorgfältig abwägen. Obwohl keine spezifischen Warnungen vor einer Impfung bei solchen Personen bestehen, kann es sein, dass der Impfschutz bei ihnen nicht so stark ist wie bei gesunden Personen.

- **Personen mit Allergien gegen Impfstoffbestandteile**: Personen mit Allergien gegen Bestandteile des Impfstoffs sollten nicht geimpft werden. Es ist wichtig, dass diese Personen vor der Impfung über ihre Allergien informieren und mit einem Arzt sprechen.

- **Impfung nach Zeckenstichen**: Bei Personen ohne (aktuellen) Impfschutz und weiterhin bestehendem FSME-Infektionsrisiko durch zukünftige Zeckenstiche ist es sinnvoll, sofort nach einem Zeckenstich zu impfen.

- **Impfung während der Schwangerschaft oder in der Stillzeit**: Obwohl keine negativen Auswirkungen der FSME-Schutzimpfungen während der Schwangerschaft bekannt sind, sollte die Impfung nur dann durchgeführt werden, wenn ein erhöhtes Risiko einer FSME-Infektion besteht.

Es ist wichtig zu beachten, dass die FSME-Impfung den einzigen wirksamen Schutz vor einer FSME-Erkrankung darstellt und daher in Risikogebieten oder bei erhöhter Exposition gegenüber Zecken empfohlen wird1. Die Entscheidung für oder gegen die Impfung sollte immer in Absprache mit einem Arzt getroffen werden.

Welche Nebenwirkungen hat die FSME-Impfung?

Die Nebenwirkungen der FSME-Impfung sind in der Regel mild und klingen in der Regel innerhalb von ein bis zwei Tagen ab. Zu den möglichen Nebenwirkungen gehören:

- **Schmerzen, Rötungen oder Schwellungen** an der Einstichstelle.
- **Fieber**, **Muskel-** und **Gelenkschmerzen**, Unwohlsein und Magen-Darm-Beschwerden, insbesondere nach der ersten Impfung.
- Bei Kindern unter drei Jahren können bis zu **15 Prozent** eine Fieberreaktion entwickeln.

Es ist wichtig zu beachten, dass diese Nebenwirkungen selten sind und die Impfung den einzigen wirksamen Schutz vor einer FSME-Erkrankung darstellt. Wenn Nebenwirkungen länger anhalten oder besorgniserregend sind, sollte man sich an einen Arzt wenden.

Quelle:

(1) FSME-Impfung: Wichtiger Schutz in Risikogebieten | BARMER.
https://www.barmer.de/unsere-leistungen/leistungen-a-z/vorsorge/fsme-impfung-1054682

(2) FSME-Impfung: Wie oft & mögliche Nebenwirkungen des Impfstoffs - Lifeline.

https://www.lifeline.de/vorsorgen/impfungen/fsme-impfung-id195687.html

(3) FSME-Impfung: Nebenwirkungen, Auffrischung, Kosten - Onmeda. https://www.onmeda.de/vorsorge/impfung/fsme-impfung-id201621/

(4) Antworten auf häufig gestellte Fragen zur FSME-Impfung. https://www.rki.de/SharedDocs/FAQ/FSME/FSME-Impfung/FSME-Impfung.html

Häufig gestellte Fragen zu Zeckenbissen

Jucken Zeckenbisse?

Ein Zeckenbiss kann bei manchen Menschen aufgrund der Giftstoffe und Reizstoffe im Zeckenspeichel zu sofortigem, starkem Juckreiz führen. Allerdings tritt nicht immer Juckreiz auf. Wenn Sie sich in einem zeckenverseuchten Gebiet aufhalten, sollten Sie Ihren gesamten Körper nach Zecken absuchen, nachdem Sie das Gebiet verlassen haben.

Wenn ein Zeckenbiss zur Lyme-Borreliose führt, können sich auf der Haut Läsionen entwickeln, die als Erythema migrans (EM) bekannt sind. Diese lösen häufig keine weiteren Symptome aus, aber manche Menschen berichten von Juckreiz und Brennen im Bereich der Läsion.

Kann man sich mit Borreliose infizieren, wenn man keinen
Ring um den Zeckenbiss herum sieht?

Ja. Der Erythema-migrans-Ausschlag ist oft ein sicheres
Zeichen dafür, dass Sie von einer Zecke gebissen wurden, die
Borreliose übertragen hat. Allerdings bekommt nicht jeder den
Ausschlag. Da er nicht juckt oder schmerzt, ist es auch
möglich, dass man den Ausschlag bekommt, ohne ihn zu
bemerken.
Können Zecken auch andere Krankheiten als Borreliose
übertragen?

Ja. Zecken können viele Krankheiten übertragen, wie z. B. das
Rocky-Mountain-Fieber. Die von Zecken übertragenen
Krankheiten variieren je nach geografischer Region.

Wo leben Zecken?

Zecken leben im Freien. Sie verstecken sich in Gras, Bäumen,
Sträuchern und Unterholz.

Wenn Sie draußen wandern oder spielen, kann es passieren,
dass sich eine Zecke an Ihnen oder Ihrem Haustier festbeißt.
Zecken können an Ihrem Haustier haften bleiben oder auf Sie
übergehen, wenn Sie Ihr Haustier berühren oder halten. Sie
können auch von Ihnen abfallen und sich an Ihrem Haustier
festsetzen.

Im ganzen Land gibt es große Populationen verschiedener
Zeckenarten. In den meisten Bundesstaaten in de USA zum
Beispiel, gibt es mindestens eine Zeckenart. Die

Zeckenpopulation erreicht in den Frühlings- und
Sommermonaten, in der Regel von April bis September, ihren
Höhepunkt.

Wie sieht ein Zeckenbiss aus?

Ein Zeckenbiss kann eine kleine Beule verursachen. Einige von
Zecken übertragene Krankheiten können einen Ausschlag
verursachen. Ein Ausschlag kann auch durch eine allergische
Reaktion auf einen Zeckenbiss entstehen. Möglicherweise
entdecken Sie die Zecke in Ihrer Haut, anstatt den Biss zu
bemerken.

Wie kann man einen Zeckenbiss erkennen?

Ein Zeckenbiss kann wie ein anderer Insektenstich aussehen.
Sie können die Zecke jedoch in Ihrer Haut erkennen, wenn Sie
in einem Gebiet leben oder gereist sind, in dem Zecken häufig
vorkommen.

Wann sollte ich mir wegen eines Zeckenbisses Sorgen machen?

Wenn Sie in einem Gebiet leben, in dem Zeckenkrankheiten
häufig auftreten, sollten Sie nach einem Zeckenstich einen Arzt
aufsuchen, auch wenn Sie keine Symptome haben. Er kann

Ihnen möglicherweise Medikamente verschreiben, um das Risiko einer Lyme-Borreliose zu verringern.

Lyme-Borreliose

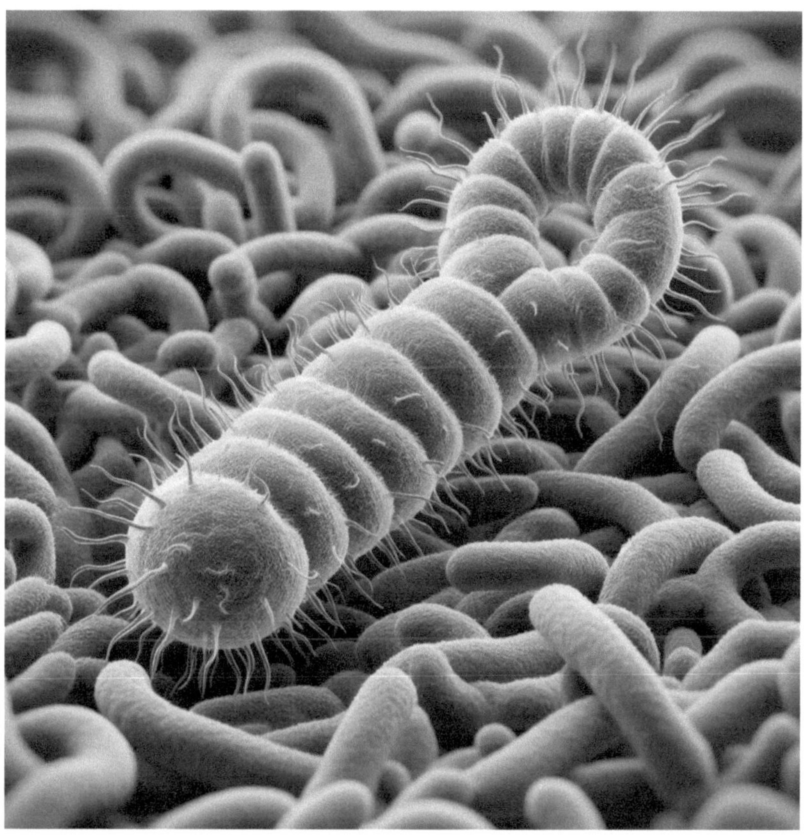

Lyme-Borreliose ist eine durch das Bakterium Borrelia burgdorferi verursachte Infektionskrankheit, die durch Zecken übertragen wird. Hier sind einige wichtige Informationen zu ihrer Verbreitung, Vorsorge und Behandlung:

Verbreitung:

• In Deutschland gibt es eine unterschiedliche jährliche Inzidenz der Lyme-Borreliose zwischen 25 und über 100 Fällen pro 100.000 Einwohner.

• Die Rate infizierter Zecken schwankt regional stark und liegt zwischen 10 und mehr als 30%.

Vorsorge:

• Es gibt keinen Impfstoff zur Vorbeugung von Lyme-Borreliose.

• Die beste Vorsorge besteht darin, sich der Risiken bewusst zu sein, wenn Sie Regionen besuchen, in denen Zecken bekannt sind.

• Tragen Sie lange Hosen, um Zeckenbisse zu vermeiden.

• Überwachen Sie Kinder und Haustiere, um Zecken fernzuhalten.

• Verwenden Sie Insektenschutzmittel.

• Machen Sie die Umgebung für die Zecken unfreundlich, um zu wachsen.

Behandlung:

• Die Behandlung erfolgt mit Antibiotika wie Doxycycline, Amoxicillin oder Tetracycline für die Frühstadien der Lyme-Borreliose.

• Für Menschen, deren zentrales Nervensystem von Lyme-Borreliose betroffen ist, werden intravenöse Antibiotika wie Ceftriaxone oder Penicillin verschrieben.

Wenn Sie neue, schwere oder anhaltende Symptome haben, wenden Sie sich an einen Gesundheitsdienstleister. Zu den häufigsten Symptomen gehören Hautausschläge, Fieber, Schüttelfrost, Müdigkeit und Kopfschmerzen. Im Spätstadium können Taubheit in Händen und Beinen, Arthritis und Verlust des Kurzzeitgedächtnisses auftreten.

Für weitere Informationen können Sie sich an das Robert Koch-Institut (RKI) oder andere Gesundheitsdienstleister wenden.

Wie sieht ein Zeckenstich mit Lyme-Borreliose aus?

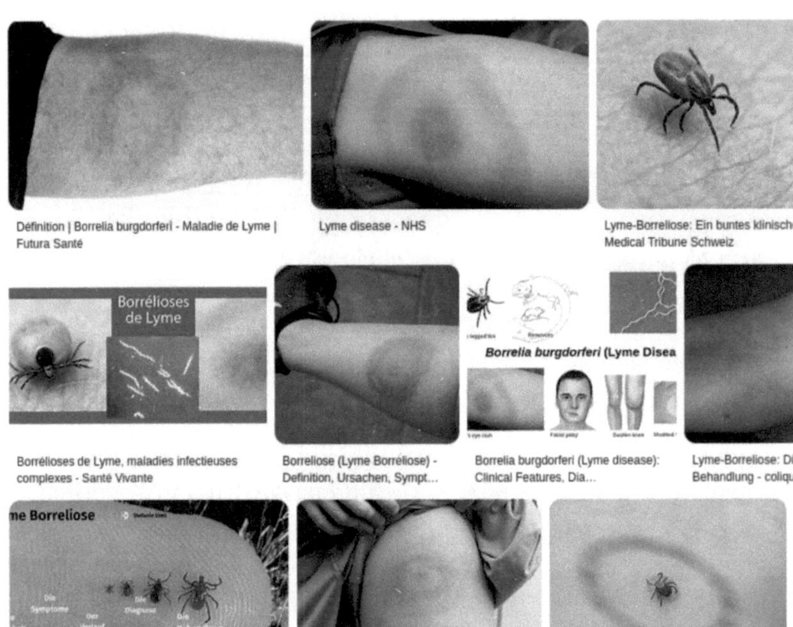

Einige Menschen entwickeln bei der Lyme-Borreliose einen Bullauge-Ausschlag, ein Erythema multiforme. Allerdings entwickelt nicht jeder, der an der Lyme-Borreliose erkrankt ist, diesen Ausschlag.

Zusammenfassung

Zeckenbisse sind oft symptomfrei und harmlos. Zecken können jedoch gefährliche Krankheiten wie die Lyme-Borreliose übertragen.

Wenn Sie einen kreisrunden Ausschlag, Fieber, Schüttelfrost und Gliederschmerzen bemerken, sollten Sie unbedingt einen Arzt aufsuchen, um die nächsten Schritte zu besprechen.

Sie können Zeckenstichen vorbeugen, indem Sie 20 % DEET oder 0,5 % Permethrin verwenden, in Gebieten mit hohem Zeckenvorkommen langärmlige Hemden und lange Hosen tragen und sich von den Rändern von Wanderwegen fernhalten, wo sich Zecken verstecken.

Natürliche Zeckenabwehrmittel und andere Wirkstoffe

Überblick

Zeckenbisse sind oft harmlos und verursachen keine erkennbaren Symptome. Einige Zeckenbisse können jedoch schwere Krankheiten wie Borreliose oder das Rocky-Mountains-Fleckfieber auf den Menschen übertragen.

Zu den häufigsten Symptomen von Zeckenbissen gehören ein roter Fleck oder Ausschlag an der Bissstelle, ein Ausschlag am ganzen Körper oder Fieber. Es ist wichtig, nach einem Zeckenbiss sofort einen Arzt aufzusuchen, auch wenn keine Symptome auftreten.

Die beste Möglichkeit, eine Infektion zu vermeiden, ist, Zeckenstiche von vornherein zu verhindern. Für alle, die gerne draußen sind, können Zeckenabwehrmittel dabei helfen, sich zu schützen. Es gibt viele Arten von Pestiziden und Zeckenabwehrmitteln, die zum Kauf angeboten werden, darunter auch rein natürliche Abwehrmittel und synthetische Abwehrmittel auf der Basis natürlicher Inhaltsstoffe.

Lesen Sie weiter, um mehr über wirksame natürliche Inhaltsstoffe von Zeckenabwehrmitteln und über die erhältlichen Produkte zu erfahren.

Natürliche Zeckenabwehrmittel

Wenn Sie nach Alternativen zu herkömmlichen Mitteln wie DEET, Picaridin und Permethrin suchen, gibt es eine Vielzahl von rein natürlichen Optionen. Einige können auf Ihre Kleidung aufgetragen werden, während andere auf Ihren Rasen gesprüht werden können. Hier erfahren Sie, was die Forschung über ihre Wirksamkeit sagt.

Mischungen ätherischer Öle

Einige Mischungen ätherischer Öle sind als Zeckenabwehrmittel im Handel erhältlich. Zu den gängigen ätherischen Ölen gehören Zitronengras, Zedernholz, Pfefferminze, Thymian und Geraniol. Ein Beispiel für ein Zeckenabwehrmittel auf Basis ätherischer Öle ist das Produkt der Marke Ecosmart.

Eine Studie aus dem Jahr 2012 von Trusted Source ergab, dass Ecosmart, wenn es auf Kleidung aufgetragen wird, nach sieben Tagen bei zwei Zeckenarten (Hirschzecke und Lone-Star-Zecke) weniger wirksam war als andere Repellentien, darunter eines, das Permethrin enthielt.

Eine weitere Produktlinie von Abwehrmitteln auf Basis ätherischer Öle ist Herbal Armor von All Terrain.

Welche ätherischen Öle eignen sich am besten zur Abwehr von Zecken?

Knoblauchöl

In Knoblauchöl-Repellentien werden ätherische Öle aus Knoblauchpflanzen verwendet. Eine Studie aus dem Jahr 2015 deutet darauf hin, dass bei der Anwendung auf Rasenflächen möglicherweise mehrere Anwendungen von Repellentien auf Knoblauchölbasis erforderlich sind.

Kaufen Sie Knoblauchöl-Rasenspray (Schwer zu bekommen).

Metarhizium brunneum oder Metarhizium anisopliae

Diese Pilzarten wachsen auf natürliche Weise im Boden und können Zecken abwehren oder töten. Sie sind im Handel erhältlich und werden unter dem Namen Met52 vertrieben.

Eine Studie, die von einer vertrauenswürdigen Quelle durchgeführt wurde, deutet darauf hin, dass diese Pilze eine Alternative zu anderen Insektiziden zur Bekämpfung von Zeckenpopulationen darstellen könnten. Eine weitere Studie, die von einer vertrauenswürdigen Quelle durchgeführt wurde, ergab, dass die Anwendung von Met52 für Populationen von Nichtziel-Insektenarten nicht schädlich ist.

Nootkaton

Der Wirkstoff dieses Repellents ist in ätherischen Ölen einiger Zedernarten, Kräutern oder Früchten enthalten. Er ist derzeit evtl. nicht im Handel erhältlich.

In derselben Studie aus dem Jahr 2012, die Ecosmart mit anderen Produkten verglich, wurde festgestellt, dass auf Kleidung aufgetragenes Nootkaton nach sieben Tagen wirksamer war als andere getestete Markenprodukte.

Nootkaton kann auch auf Rasenflächen aufgetragen werden, um Zecken abzuwehren. Forscher untersuchen jedoch, wie die Formulierungen optimiert werden können, um länger zu wirken und weniger giftig für Pflanzen zu sein.

Synthetische Zeckenabwehrmittel

Neben den rein natürlichen Zeckenabwehrmitteln gibt es auch einige synthetische Mittel, die aus natürlichen Materialien hergestellt werden:

IR3535

IR3535 ist ein künstlich hergestelltes Mittel, das eine ähnliche Struktur wie eine natürlich vorkommende Aminosäure aufweist. Laut Informationen, die der Environmental Protection Agency (EPA) zur Prüfung vorgelegt wurden, ist dieser Wirkstoff gegen Hirsche wirksam.

Die Environmental Working Group (EWG) rät von der Verwendung von Sonnenschutzmitteln mit IR3535 ab, da die Notwendigkeit, das Sonnenschutzmittel erneut aufzutragen, zu einer übermäßigen Exposition gegenüber dem Repellent oder zu dessen übermäßigem Gebrauch führen würde.

IR3535 ist in Avon Skin-So-Soft Bug Guard Plus Expedition enthalten.

Zitroneneukalyptusöl (OLE)

Hierbei handelt es sich um eine chemisch hergestellte Version
von Zitroneneukalyptusöl. In anderen Fällen wird das natürlich
vorkommende Öl des Baumes verarbeitet, um den abweisenden
Bestandteil PMD zu konzentrieren, der für den chemischen
Namen Para-Menthan-3,8-diol steht.

Zitroneneukalyptusöl (OLE) ist nicht dasselbe wie ätherisches
Zitroneneukalyptusöl.

OLE kann bei einigen Zeckenarten genauso wirksam sein wie
DEET. Es muss jedoch häufig neu aufgetragen werden.

Zu den erhältlichen Produkten, die OLE enthalten, gehören
Off! Botanicals und Repel.

2-Undecanon

Der Wirkstoff dieses Repellents wird aus ätherischen Ölen
gewonnen, die in den Blättern und Stängeln einer wilden
Tomatensorte namens Lycopersicon hirsutum vorkommen. Es
kann sowohl auf der Haut als auch auf der Kleidung

angewendet werden und ist im Handel unter dem
Produktnamen BioUD erhältlich.

In einer 2009 durchgeführten Studie Trusted Source wurde
BioUD mit DEET, IR3535 und OLE verglichen, die auf
Baumwoll-Mull aufgetragen wurden. Dabei wurde festgestellt,
dass BioUD bei einer Zeckenart eine stärkere durchschnittliche
abweisende Wirkung hatte als IR3535 und bei einer anderen
Zeckenart eine stärkere durchschnittliche abweisende Wirkung
als OLE. Zwischen BioUD und DEET wurde kein signifikanter
Unterschied in der abweisenden Wirkung festgestellt.

Wie PMD wird auch das 2-Undecanon in BioUD-Produkten
synthetisch hergestellt.

Bewährte Verfahren zum Schutz vor Zecken

Neben der Verwendung von Zeckenabwehrmitteln können Sie
auch die folgenden Tipps befolgen, um sich vor Zeckenstichen
zu schützen:

Meiden Sie Gebiete, in denen Zecken leben

Wenn Sie wandern gehen, bleiben Sie möglichst auf dem
markierten Weg. Wandern Sie nicht in Gebieten, die stark
bewaldet oder mit Gras und Büschen bewachsen sind.

Machen Sie Ihren Garten für Zecken unattraktiv

Wenn Sie Ihren Garten mähen, bieten Sie Zecken weniger Versteckmöglichkeiten. Räumen Sie Bereiche wie Holzstapel, in denen sich Kleintiere wie Eichhörnchen oder Mäuse verstecken können, aus dem Weg. Ziehen Sie in Betracht, einen Zaun zu errichten, um Rehe aus Ihrem Garten fernzuhalten. Beauftragen Sie ein lokales Schädlingsbekämpfungsunternehmen, Ihren Garten auf Zecken und andere Insekten zu untersuchen.

Tragen Sie Kleidung, die vor Zecken schützt

Wenn Sie sich in einem Gebiet mit hoher Zeckenpopulation im Freien aufhalten, tragen Sie möglichst lange Ärmel und Hosen. Kleidung bildet eine physische Barriere zwischen Ihnen und Insekten wie Zecken und Mücken.

Schützen Sie Ihre Haustiere

Zecken können auch Ihre Haustiere beißen und sie krank machen. Sprechen Sie mit Ihrem Tierarzt über Zeckenabwehrmittel für Ihr Haustier. Einige Beispiele für erhältliche Marken sind K9 Advantix und Frontline.

Kaufen Sie K9 Advantix.

Shop for Frontline.

Wie man Zecken findet und entfernt

Nachdem Sie sich in einem Gebiet aufgehalten haben, in dem Zecken vorkommen, sollten Sie Ihre Kleidung und Ihren Körper gründlich auf Zecken untersuchen. Wenn Sie Ihre Kleidung 10 Minuten lang bei hoher Temperatur im Trockner trocknen, können Sie Zecken auf Ihrer Kleidung abtöten.

Wenn Sie sich innerhalb weniger Stunden nach einem Aufenthalt im Freien duschen, können Sie eventuell noch nicht festgesogene Zecken von Ihrem Körper abwaschen. Dies ist auch eine gute Möglichkeit, Ihren Körper nach festgesogenen Zecken abzusuchen.

Denken Sie daran, dass Zecken oft klein sind und sich an schwer einsehbaren Stellen wie hinter den Knien, hinter den Ohren oder auf der Kopfhaut festsetzen können. Wenn Sie eine Zecke auf Ihrer Haut entdecken, sollten Sie diese sofort entfernen. Versuchen Sie nicht, die Zecke zu zerquetschen, zu zerdrücken oder zu verbrennen.

So entfernen Sie eine Zecke

Befolgen Sie die folgenden Schritte, um eine Zecke richtig zu entfernen:

Nehmen Sie die Zecke mit einer feinen Pinzette so nah wie möglich an der Haut auf.

Ziehen Sie die Zecke mit einer sanften, gleichmäßigen Bewegung gerade aus der Haut. Wenn die Mundwerkzeuge der Zecke in Ihrer Haut verbleiben, versuchen Sie nicht, sie herauszuholen. Sie werden irgendwann von selbst herauskommen.

Reinigen Sie die Stelle gründlich mit Seife und warmem Wasser. Betupfen Sie die Bissstelle mit Franzbranntwein.

Nach dem Entfernen der Zecke sollten Sie auf einen Ausschlag an der Bissstelle achten. Wenn Sie einen Ausschlag bekommen oder grippeähnliche Symptome wie Fieber, Kopf- oder Gliederschmerzen verspüren, sollten Sie einen Arzt aufsuchen.

Ich gehe in einem spätere Kapitel nochmal auf das Entfernen von Zecken ein.

Das Wichtigste

Da Zecken verschiedene Krankheiten auf den Menschen übertragen können, sind zahlreiche verschiedene Arten von Abwehrmitteln im Handel erhältlich. Je nach Produkt können diese Abwehrmittel auf die Haut, die Kleidung oder den Rasen aufgetragen werden.

Es sind auch einige natürliche Zeckenabwehrmittel im Handel erhältlich. Diese Produkte werden aus natürlich vorkommenden Pflanzenstoffen hergestellt und können Zecken ebenfalls abwehren, wenn auch mit unterschiedlicher Wirksamkeit. Forscher arbeiten weiterhin an der Bewertung und Optimierung natürlicher Zeckenabwehrmittel.

Um Zecken wirksam abzuwehren, sollten Sie ein Mittel verwenden, das von Organisationen wie den Centers for Disease Control and Prevention (CDC) empfohlen wird. Zu diesen Empfehlungen gehören gängige Mittel wie DEET und Picaridin, aber auch synthetisch hergestelltes OLE und 2-Undecanon, ein natürlich gewonnenes Abwehrmittel.

DEET, auch bekannt als Diethyltoluamid, ist ein chemisches Insektenabwehrmittel. Es hat ein breites Wirkungsspektrum auf verschiedene Insekten und wird häufig zur Abwehr von

Mücken, Zecken, Fliegen und anderen Insekten eingesetzt. Hier sind einige wichtige Informationen über DEET:

1. **Wirkstoff und Wirkungsweise:**

   - DEET wurde ursprünglich von der US-Armee entwickelt, um Soldaten in den Tropen vor Insektenstichen zu schützen.
   - Obwohl DEET in einigen Insekten natürlich vorkommt, wird es industriell synthetisiert.
   - Die genaue Wirkungsweise ist noch nicht vollständig geklärt. Es wird vermutet, dass DEET entweder den generellen Duftrezeptor (Orco) blockiert, sodass Insekten menschliche Duftstoffe schlechter wahrnehmen können, oder dass es den Geruchssinn der Insekten direkt beeinflusst.
   - DEET vertreibt eine Vielzahl von Insekten, darunter Mücken, Zecken, Bremsen, Läuse und Fliegen.

2. **Anwendung und Risiken:**

   - DEET sollte nicht bei schwangeren Frauen, in der Stillzeit oder bei Kindern unter zwei Jahren angewendet werden.
   - Es kann Allergien hervorrufen und Hautirritationen verursachen.
   - In seltenen Fällen wurden auch schwerwiegende Nebenwirkungen wie Nervenschädigungen und

Todesfälle in Zusammenhang mit DEET
berichtet.

3. **Wirkdauer:**

- Die Wirksamkeit von DEET hängt von der
  Dosis, der Anwendungsmenge und der
  Umgebung ab.
- Bei hoher Luftfeuchtigkeit nimmt die Wirkung
  ab.
- Durch Schwitzen verliert DEET ebenfalls an
  Kraft.
- Gegen Mücken bietet DEET einen Schutz von
  bis zu 8 bis maximal 12 Stunden.
- Gegen Zecken variiert die Wirkungsdauer je
  nach Zeckenart und beträgt etwa 2 bis 4
  Stunden.

Bitte beachten Sie, dass die Anwendung von DEET individuell
abgewogen werden sollte, insbesondere bei Risikogruppen. Im
Zweifelsfall ist es ratsam, einen Arzt zu konsultieren.

Nebenwirkungen

DEET ist ein weit verbreitetes Insektenschutzmittel, das vor
Mückenstichen schützen soll. Ein Arzt könnte die potenziellen
Nebenwirkungen und Risiken folgendermaßen formulieren:

DEET ist ein wirksames Mittel zur Abwehr von Insekten, insbesondere Mücken. Es wird in verschiedenen Konzentrationen in vielen Insektenschutzmitteln verwendet. Dennoch gibt es einige wichtige Punkte, die Sie beachten sollten:

1. **Hautreaktionen:** DEET kann Hautausschlag, Reizungen und Irritationen verursachen. Wenn Sie nach der Anwendung von DEET solche Symptome bemerken, sollten Sie die Anwendung sofort beenden und einen Arzt aufsuchen.

2. **Neurologische Effekte:** DEET kann von der Haut aufgenommen werden und das Nervensystem beeinflussen. Dies kann zu Symptomen wie Brennen, Jucken, Kribbeln und Taubheitsgefühl führen. In seltenen Fällen wurden auch Hirnschäden, epileptische Anfälle und andere neurologische Probleme berichtet.

3. **Herz-Kreislauf-Risiken:** DEET kann das Herz-Kreislauf-System beeinträchtigen. Ein tiefer Blutdruck und ein verlangsamter Puls sind möglich. In extremen Fällen kann dies bis zum Koma führen.

4. **Wechselwirkungen mit anderen Medikamenten:** Wenn Sie andere Medikamente einnehmen, insbesondere solche gegen Muskelschwäche, sollten Sie dies mit Ihrem behandelnden Arzt besprechen. Es ist wichtig zu wissen, wie DEET mit anderen Substanzen interagieren kann.

5. **Todesfälle:** Obwohl sie selten sind, wurden Todesfälle im Zusammenhang mit DEET berichtet. Daher ist es wichtig, die Anwendung genau zu befolgen und bei auftretenden Nebenwirkungen ärztlichen Rat einzuholen.

Bitte sprechen Sie mit Ihrem Arzt, bevor Sie DEET verwenden, insbesondere wenn Sie bereits gesundheitliche Probleme haben oder andere Medikamente einnehmen.

Ihr Wohlbefinden liegt auch dem Autor und Coach Holger Kiefer von Heil-Weg.de am Herzen.

Zeckenstichfieber

Zeckenstichfieber ist eine Gruppe von Infektionen, die durch Zecken übertragen werden. Diese Krankheiten werden durch Rickettsien verursacht, kleine Bakterien, die in lebenden Zellen wachsen. Hier sind die wichtigsten Arten:

1. **Afrikanisches Zeckenstichfieber:** In Afrika vorkommend, verläuft meist gutartig.
2. **Mediterranes Zeckenstichfieber:** Auch als Mittelmeer-Zeckenstichfieber bekannt, kann schwerwiegend sein.

3. **Felsengebirgsfleckfieber:** Nur in Amerika verbreitet, verursacht es hohes Fieber und Hautausschlag.

Es gibt auch andere regionale Varianten wie das Sibirisches Fleckfieber, Israelisches Fleckfieber, Japanisches Fleckfieber und Australisches Fleckfieber. Die Symptome variieren, aber alle Formen können mit Antibiotika behandelt werden

Rickettsien und ihre Übertragung durch Insekten und Milben

In der Welt der Mikroorganismen spielen Rickettsien eine wichtige Rolle. Diese kleinen Bakterien werden von verschiedenen Insekten (wie Läusen und Flöhen) sowie Milbentieren (wie Zecken und Milben) übertragen. Einige interessante Fakten:

- **Klassisches Fleckfieber:** Früher war das klassische Fleckfieber gefürchtet. Es wurde durch Kleiderläuse übertragen und trat vor allem während Kriegszeiten in Epidemien auf. Der Erreger dieses Fleckfiebers ist Rickettsia prowazekii. Leider führte es zu vielen Todesfällen.

- **Howard Taylor Ricketts:** Die Rickettsien sind nach dem US-amerikanischen Pathologen und Mikrobiologen Howard Taylor Ricketts benannt. Er identifizierte den Erreger des Felsengebirgsfleckfiebers und verstarb selbst an klassischem Fleckfieber.

- **Verwechslungsgefahr:** Die unterschiedlichen deutschen und englischen Bezeichnungen können zu Verwirrung führen. Im Englischen wird das klassische epidemische Fleckfieber als "typhus" bezeichnet, während im Deutschen "Typhus" für die durch Salmonella Typhi verursachte Erkrankung (Typhus abdominalis) steht. Die Zeckenstichfieber-Gruppe wird im Englischen als "Spotted-fever-group" bezeichnet.

- **Tick Bite Fever:** Interessanterweise wird "tick bite fever" oft als "Zechenbissfieber" übersetzt, obwohl Zecken stechen und nicht beißen (englisch: "bite" = Stich oder Biss). Eine kleine sprachliche Kuriosität!

Wenn Sie weitere Fragen haben, stehe ich gerne zur Verfügung!

Erfahrung mit Zeckenbissen und Tipps zur Behandlung

Ich möchte Ihnen mit diesem Buch Erfahrungen mit Zeckenbissen teilen und einige Tipps zur Behandlung geben. Zecken sind kleine, hartnäckige Biester, die sich nicht gleich auf das erste Stück Haut stürzen, das sie finden. Nein, sie krabbeln erst einmal auf der Haut entlang und suchen sich dann eine geschützte Stelle. Schließlich wollen sie in Ruhe Blut saugen und nicht gleich entdeckt oder zerquetscht werden.

Aber wie erkennt man, ob ein Zeckenbiss gefährlich ist? Und wie behandelt man ihn richtig? Hier sind meine Erkenntnisse:

1. **Beliebte Stellen für Zecken:** Zecken bevorzugen bestimmte Stellen, um sich festzusaugen. Dazu gehören der Haaransatz, das Ohr, die Achselhöhle und der Genitalbereich. Auch am Ellenbogen und an den Kniekehlen sind sie oft zu finden. Die Haut ist dort etwas weicher, und Zecken können leichter eindringen.

2. **Schnelles Entfernen ist wichtig:** Wenn du eine Zecke entdeckst, solltest du sie so schnell wie möglich entfernen. Verwende am besten eine Zeckenzange oder eine Zeckenkarte. Ziehe die Zecke vorsichtig und gerade heraus, ohne sie zu quetschen. Achte darauf, dass keine Teile der Zecke in der Haut zurückbleiben.

3. **Beobachte mögliche Symptome:** Nach einem Zeckenbiss solltest du die Stelle im Auge behalten. Wenn du Rötungen, Schwellungen oder grippeähnliche Symptome bemerkst, suche einen Arzt auf. Manchmal können Zecken Krankheiten wie Borreliose übertragen.

Insgesamt ist es wichtig, Zeckenbisse ernst zu nehmen und richtig zu behandeln. Ich hoffe, diese Tipps helfen euch weiter!

Nach meiner Erfahrung ist es manchmal gar nicht so einfach, einen Zeckenbiss zu erkennen, besonders wenn die Zecke bereits abgefallen ist. Aber keine Sorge, ich kann dir ein paar Tipps geben!

1. **Stelle der Biss**: Zecken bevorzugen bestimmte Stellen, um sich festzusaugen. Dazu gehören der Haaransatz, das Ohr, die Achselhöhle, der Genitalbereich, der Ellbogen und die Kniekehlen. Wenn du an einer dieser Stellen einen roten Punkt oder eine Schwellung bemerkst, könnte es ein Zeckenbiss sein.

2. **Veränderungen**: Ein Zeckenbiss kann anfangs wie ein kleiner roter Punkt aussehen. Wenn sich dieser Bereich jedoch vergrößert, ein roter Rand entsteht und die Mitte heller wird, solltest du aufhorchen. Das könnte auf eine Borreliose-Infektion hinweisen. Auch anhaltender Juckreiz ist ein Warnsignal.

3. **Wanderröte**: Bei einer Borreliose-Infektion kann eine ringförmige Hautrötung auftreten, die als "Wanderröte" bezeichnet wird. Diese Rötung breitet sich von der Bissstelle aus und wandert nach außen. Wenn du so etwas bemerkst, solltest du einen Arzt aufsuchen.

4. **Schnelles Handeln**: Entferne die Zecke so schnell wie möglich mit einer Zeckenzange oder -karte. Wenn du unsicher bist oder Symptome auftreten, suche einen Arzt auf. Borreliose kann ernsthafte Folgen haben, wenn sie unbehandelt bleibt.

Denke daran, dass ich kein Arzt bin, aber diese Tipps basieren auf allgemeinem Wissen. Im Zweifelsfall immer einen Fachmann konsultieren!

Beobachte die Stelle:

1. Wenn du einen Zeckenbiss bemerkst, achte darauf, wie sich die Stelle entwickelt. Anfangs kann es nur ein kleiner roter Punkt sein. Wenn dieser Bereich jedoch größer wird, ein roter Rand entsteht und die Mitte heller wird, könnte das auf eine Borreliose-Infektion hinweisen.

2. **Wanderröte**: Die sogenannte "Wanderröte" (Erythema migrans) ist typisch für eine Borreliose. Diese ringförmige Hautrötung breitet sich von der Bissstelle aus und wandert nach außen. Wenn du so etwas bemerkst, solltest du einen Arzt aufsuchen.

3. **Intensive Rötung**: Auch wenn die Stelle knallrot bleibt, ohne die typische Ringform, ist Vorsicht geboten. Das kann auf eine Borreliose oder eine andere Infektion hindeuten.

Denke daran, dass ich kein Arzt bin, aber diese Hinweise können dir helfen, aufmerksam zu sein. Im Zweifelsfall ist es immer ratsam, einen Fachmann zu konsultieren!

Nach meinen eigenen Erfahrungen und allgemeinem Wissen kann ich dir ein paar Tipps geben:

Beobachte die Stelle: Wenn du einen Zeckenbiss bemerkst, achte darauf, wie sich die Stelle entwickelt. Wenn der Biss hochrot und entzündet ist und einen Durchmesser von drei Zentimetern erreicht, sollte man definitiv ärztlichen Rat einholen. Alles, was darunter liegt, gilt als normal, insbesondere in den ersten Tagen, auch wenn du gekratzt hast.

Zecke entfernen: Entferne die Zecke so schnell wie möglich mit einer Zeckenzange oder -karte. Danach beobachte den Stich genau. Es ist nicht immer notwendig, sofort zum Arzt zu gehen.

Beißwerkzeug in der Haut: Keine Panik! Es kommt häufig vor, dass das Beißwerkzeug in der Haut stecken bleibt. Unser Körper kann es von alleine abstoßen. Wenn du jedoch Unsicherheiten hast oder Symptome auftreten, ist es ratsam, ärztlichen Rat einzuholen.

Wenn der Juckreiz nach einem Zeckenstich stärker wird, habe ich ein paar Tipps, die dir vielleicht helfen:

1. **Kühlen**: Lege ein kühles Tuch oder ein Kühlpad auf die betroffene Stelle. Das kann den Juckreiz lindern.

2. **Quark**: Klingt vielleicht ungewöhnlich, aber Quark kann ebenfalls helfen. Trage eine dünne Schicht Quark auf den Zeckenstich auf. Die kühlende Wirkung kann den Juckreiz mindern.

3. **Beruhigende Hautcreme**: Eine sanfte, beruhigende
   Hautcreme kann ebenfalls Linderung verschaffen.
   Achte darauf, dass sie keine reizenden Inhaltsstoffe
   enthält.

4. **Antihistaminikum**: Wenn der Juckreiz wirklich
   schlimm ist, kann ein Antihistaminikum (z. B. Cetirizin)
   auf ärztliche Empfehlung hilfreich sein.

Denke daran, dass ich kein Arzt bin, aber diese Tipps basieren
auf allgemeinem Wissen. Im Zweifelsfall immer einen
Fachmann konsultieren!

Wann zeigen sich erste Symptome?

Die ersten Symptome nach einem Zeckenstich können
innerhalb von wenigen Tagen bis zu mehreren Wochen
auftreten, abhängig von der übertragenen Krankheit. Bei der
Borreliose ist es einige Tage bis Wochen nach dem Biss, bevor
Symptome auftreten. In den ersten Tagen können
grippeähnliche Symptome auftreten, die dann meist innerhalb
weniger Tage bis Wochen nach dem Stich der Zecke
verschwinden. Die sogenannte Wanderröte, eine ringförmige
Rötung um die Einstichstelle, ist ein typisches Anzeichen für
Borreliose. Die Rötung wird immer größer und wandert vom
Zentrum nach außen. Aber auch eine knallrote Stelle sollte
Vorsicht signalisieren, da sie auf eine Borreliose oder eine

normale Infektion hinweisen kann. Bei der Frühsommer-Meningoenzephalitis (FSME) zeigen sich die Symptome ein bis zwei Wochen nach dem Stich. Sie können aber auch nach vier Wochen noch auftreten, und zwar in Form von Gliederschmerzen, Kopfschmerzen und Fieber. Es ist wichtig, den Stich zu beobachten und bei Verdacht auf eine Infektion rechtzeitig ärztlichen Rat einzuholen.

Antibiotika bei Zeckenbissen?

Bei der Behandlung von Borreliose setzen Ärzte auf Antibiotika: "Das typische Antibiotikum nennt sich Doxycyclin. Das muss man bei Borreliose drei Wochen lang nehmen."

Und einen Hinweis hat sie dazu auch noch: Wenn man das Antibiotikum nimmt, dann muss man im Sommer mit der Sonne aufpassen und einen guten Sonnenschutz nehmen. Alternativ verschreiben Ärzte Penicillin.

Alles weitere über Zecken

Zecken sind parasitäre Spinnentiere der Ordnung Ixodida . Sie gehören zur Milben- Überordnung Parasitiformes . Erwachsene Zecken sind je nach Alter, Geschlecht, Art und „Fülle" etwa 3 bis 5 mm lang. Zecken sind äußere Parasiten , die sich vom Blut von Säugetieren, Vögeln und manchmal auch von Reptilien und Amphibien ernähren. Der Zeitpunkt der Entstehung der Zecken ist ungewiss, obwohl die ältesten bekannten Zeckenfossilien aus der Kreidezeit stammen und etwa 100 Millionen Jahre alt sind. Zecken sind auf der ganzen Welt weit verbreitet, insbesondere in warmen, feuchten Klimazonen.

Zecken gehören zu zwei großen Familien, den Ixodidae oder harten Zecken und den Argasidae oder weichen Zecken.

Die Ixodidae sind die Familie der Hartzecken oder Schildzecken . eine der drei Zeckenfamilien , bestehend aus über 700 Arten. Sie werden „harte Zecken" genannt, weil sie ein Scutum oder einen harten Schild haben, der der anderen großen Zeckenfamilie, den „weichen Zecken" (Argasidae), fehlt. Sie sind Ektoparasiten einer Vielzahl von Wirtsarten und einige sind Überträger verursachen können von Krankheitserregern, die beim Menschen Krankheiten .

Makroaufnahme der Mundwerkzeuge einer Zecke - gemeiner
Holzbock
By Richard Bartz - Own work, CC BY-SA 2.5,
https://commons.wikimedia.org/w/index.php?curid=6617652

Die Argasidae sind die Familie der Weichzecken , eine der drei
Zeckenfamilien . Die Familie umfasst 193 Arten , obwohl die
Zusammensetzung der Gattungen weniger sicher ist und
weitere Untersuchungen erforderlich sind, bevor die Gattungen
stabil werden können. Die derzeit akzeptierten Gattungen sind
Antricola , Argas , Nothoaspis , Ornithodoros und Otobius .
Die Argasidae sind zusammen mit 96 anderen Zeckenarten in
Südasien sehr verbreitet, was Südasien zur Region mit der
höchsten Artenvielfalt an Zecken weltweit macht. Weiche

Zecken sind resistent gegen Austrocknung Bedingungen
mehrere Jahre überleben und können unter trockenen .

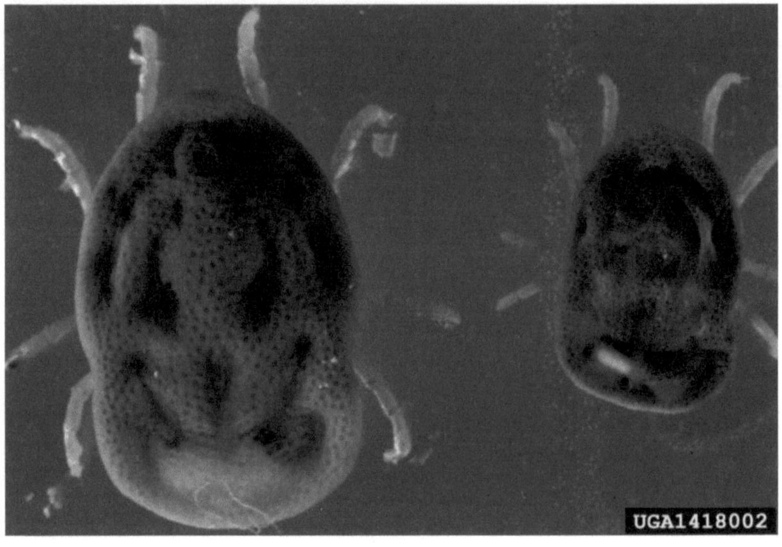

Otobius megnini (Acari: Argasidae)

Nuttalliella namaqua ist eine Zecke , die im südlichen Afrika
von Tansania bis Namibia und Südafrika vorkommt . ,
eingeordnet wird die in ihre eigene Familie, Nuttalliellidae .
durch eine Kombination von Merkmalen unterschieden
werden, Sie kann von Ixodid-Zecken und Argasid-Zecken
darunter die Position der Stigmata , das Fehlen von Borsten ,
die stark gewellte Haut und die Form der gefensterten Platten.
Es handelt sich um die basalste Abstammungslinie der Zecken.

By Nuttalliella_namaqua.png: Ben J. Mans1,2, Daniel de
Klerk1, Ronel Pienaar1, Abdalla A. Latif1,2derivative work:
Stemonitis (talk) - Mans BJ, de Klerk D, Pienaar R, Latif AA
(2011) Nuttalliella namaqua: A Living Fossil and Closest
Relative to the Ancestral Tick Lineage: Implications for the
Evolution of Blood-Feeding in Ticks. PLoS ONE 6(8): e23675.
doi:10.1371/journal.pone.0023675, CC BY 2.5,
https://commons.wikimedia.org/w/index.php?curid=16752977

Harte Zecken haben nicht nur einen harten Schild auf ihrer
Rückenfläche, das sogenannte Scutum, sondern auch eine
schnabelartige Struktur an der Vorderseite, die die
Mundwerkzeuge enthält, während weiche Zecken ihre
Mundwerkzeuge an der Unterseite ihres Körpers haben.
Zecken lokalisieren potenzielle Wirte, indem sie Gerüche,
Körperwärme, Feuchtigkeit und/oder Vibrationen in der
Umgebung wahrnehmen.

Zecken haben vier Stadien in ihrem Lebenszyklus: Ei, Larve ,
Nymphe und erwachsenes Tier. Zecken der Familie Ixodidae
durchlaufen entweder einen Ein-Wirt-, Zwei-Wirt- oder Drei-
Wirt- Lebenszyklus . Argasidenzecken haben bis zu sieben
Nymphenstadien (Instars), von denen jedes eine
Blutaufnahme erfordert, und daher durchlaufen
Argasidenzecken einen Lebenszyklus mit mehreren Wirten.
Aufgrund ihrer hämatophagen (blutfressenden) Ernährung
fungieren Zecken als Überträger vieler schwerer Krankheiten,
die Menschen und andere Tiere betreffen.

Älteste Zecke der Welt entdeckt

Versteinerte Zecken wurden ab dem Ende der frühen Kreidezeit
entdeckt, am häufigsten in Bernstein. Bei den ältesten
entdeckten Zeckenfossilien handelt es sich um eine Argasid-
Vogelzecke aus aus der späten Kreidezeit (Turonium vor ca.
94–90 Millionen Jahren) New-Jersey-Bernstein .

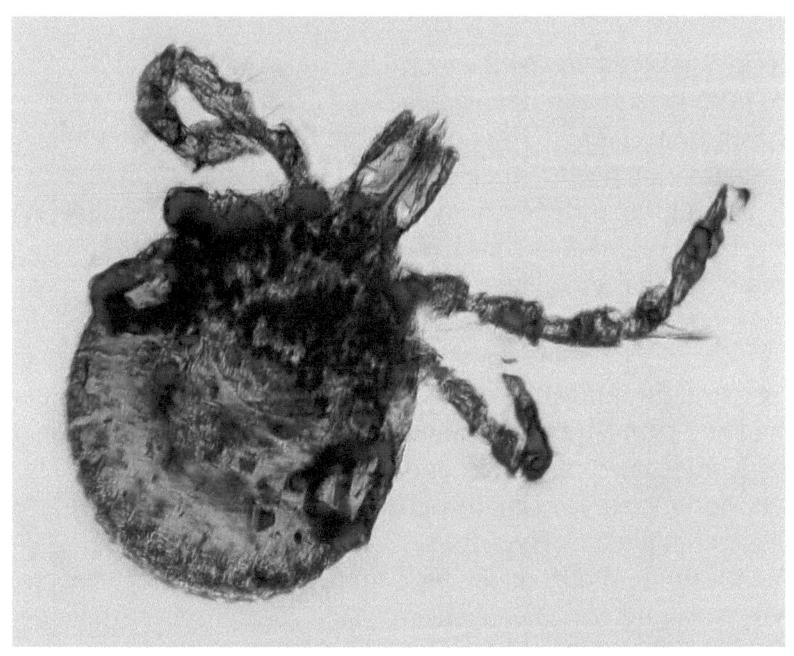

Versteinerte Zecke in dominikanischem Bernstein
By Oregon State University -
https://www.flickr.com/photos/oregonstateuniversity/14107314
237/, CC BY-SA 2.0,
https://commons.wikimedia.org/w/index.php?curid=47810571

Anatomie und Physiologie

Zecken gehören wie Milben zur Unterklasse Acari, denen die
primäre somatische Segmentierung des Hinterleibs (oder
Opisthosoma) fehlt; vielmehr weisen diese parasitischen
Spinnentiere eine anschließende Verschmelzung des
Hinterleibs mit dem Cephalothorax (oder Prosoma) auf.

Zecken gehören wie Milben zur Unterklasse Acari, bei denen
die primäre somatische Segmentierung des Abdomens (oder
Opisthosoma) fehlt. Diese parasitären Spinnentiere weisen
vielmehr eine nachträgliche Fusion des Abdomens mit dem
Cephalothorax (oder Prosoma) auf. Die für andere Chelicerata
typischen Tagmata haben sich zum Gnathosoma (Kopf)
entwickelt, das einziehbar ist und die Mundwerkzeuge und das
Idiosoma (Körper), das die Beine, den Verdauungstrakt und die
Fortpflanzungsorgane enthält. Das Gnathosoma ist eine
Fressstruktur mit Mundwerkzeugen, die zum Durchstechen der
Haut und zum Blutsaugen angepasst sind. Es ist die Vorderseite
des Kopfes und enthält weder das Gehirn noch die Augen. Zu
den Merkmalen des Gnathosoma gehören zwei Taster, zwei
Cheliceren und das Hypostom. Das Hypostom dient als
Stabilisator und hilft dabei, die Mundwerkzeuge der Zecke am
Wirt zu verankern. Die Cheliceren sind spezialisierte Anhänge,
die zum Schneiden und Durchstechen der Haut des Wirts
verwendet werden, während die Taster beinartige Anhänge
sind, die sensorische Funktionen erfüllen.

Eine Zecke mit hartem Körper aus der Familie der Ixodidae, die einsame Sternzecke
By Photo Credit: James GathanyContent Providers(s): CDC/ Michael L. Levin, Ph. D. - This media comes from the Centers for Disease Control and Prevention's Public Health Image Library (PHIL), with identification number #4407.Note: Not all PHIL images are public domain; be sure to check copyright status and credit authors and content providers.العربية |
Deutsch | English | македонски | slovenščina | +/−, Public

Domain, https://commons.wikimedia.org/w/index.php?
curid=4389941

Die ventrale Seite des Idiosomas trägt Sklerite, und der
Gonoporus befindet sich zwischen dem vierten Beinpaar. Da
keine Segmentierung vorhanden ist, bieten die Position der
Augen, Gliedmaßen und des Gonoporus auf dem Idiosoma die
einzige Orientierungshilfe.

Larven schlüpfen mit sechs Beinen, die anderen beiden
entwickeln sich nach einer Blutmahlzeit und der Häutung zum
Nymphenstadium. Im Nymphen- und Erwachsenenstadium
haben Zecken acht Beine, die jeweils sieben Segmente haben
und mit einem Paar Krallen versehen sind. Die Beine sind
manchmal verziert und tragen in der Regel Tast- oder
Tastsinneshaare. Zusätzlich zu ihrer Funktion als
Fortbewegungsmittel enthält der Tarsus von Bein I eine
einzigartige sensorische Struktur, das Hallersche Organ, das
Gerüche und Chemikalien, die vom Wirt ausgehen, erkennen
kann, sowie sowie Temperaturänderungen und Luftströmungen
wahrnehmen kann. Zecken können die Haller'schen Organe
auch dazu verwenden, Infrarotlicht wahrzunehmen, das vom
Wirt ausgeht. Wenn sie sich nicht bewegen, bleiben ihre Beine
eng an den Körper angelegt.

Zecken sind äußerst widerstandsfähige Tiere. Sie können bis zu
einer halben Stunde in einem fast luftleeren Raum überleben.
Ihr langsamer Stoffwechsel während der Ruhephasen
ermöglicht es ihnen, längere Zeit ohne Nahrung auszukommen.
Selbst nach 18 Wochen Hungern können sie wiederholte
zweitägige Dehydrierungsphasen mit anschließender
Rehydrierung überstehen, aber ihre Überlebensfähigkeit bei

Dehydrierung nimmt nach 36 Wochen Hungern rapide ab. Um nicht auszutrocknen, verstecken sich Zecken an feuchten Stellen auf dem Waldboden oder nehmen Wasser aus der Luft auf, indem sie eine hygroskopische Flüssigkeit aus den Speicheldrüsen auf die äußeren Mundwerkzeuge absondern und die mit Wasser angereicherte Flüssigkeit dann wieder aufnehmen.

Zecken können Temperaturen knapp über -18 °C (0 °F) für mehr als zwei Stunden und Temperaturen zwischen -7 und -2 °C (20 und 29 °F) für mindestens zwei Wochen überleben. Zecken wurden sogar in der Antarktis gefunden, wo sie sich von Pinguinen ernähren.

Die meisten Zecken sind einfarbig braun oder rotbraun. Bei einigen Arten sind die Schildchen jedoch mit weißen Mustern verziert.

Ernährung und Nahrungsaufnahme

Zecken sind Ektoparasiten, die sich von Blut ernähren, um ihren Nährstoffbedarf zu decken. Sie sind obligate Hämatophage und benötigen Blut, um zu überleben und sich von einem Lebensstadium zum nächsten zu entwickeln. Zecken können über lange Zeiträume fasten, sterben aber schließlich, wenn sie keinen Wirt finden. Die Hämatophagie hat sich bei Arthropoden, die in der späten Kreidezeit lebten, mindestens sechsmal unabhängig voneinander entwickelt. Bei Zecken wird angenommen, dass sie sich vor 120 Millionen Jahren durch Anpassung an die Blutfütterung entwickelt hat. Dieses Verhalten hat sich auch innerhalb der einzelnen Zeckenfamilien

unabhängig voneinander entwickelt, wobei unterschiedliche
Wirt-Zecken-Interaktionen die evolutionäre Veränderung
vorantrieben.

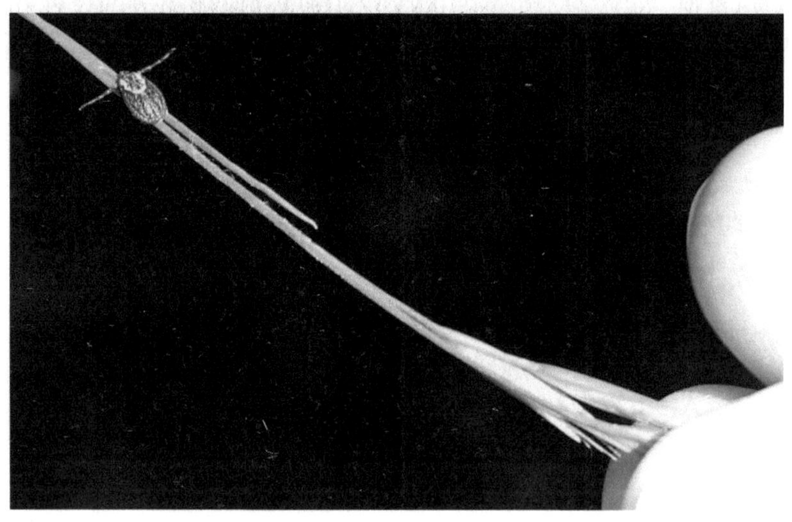

Eine suchende Zecke, Finger als Maßstab
By Mcvoorhis - Own work, CC BY-SA 3.0,
https://commons.wikimedia.org/w/index.php?curid=33751868

Einige Zecken heften sich schnell an ihren Wirt, während
andere auf der Suche nach dünnerer Haut, wie z. B. der in den
Ohren von Säugetieren, umherwandern. Je nach Art und
Lebensstadium kann die Vorbereitung auf die
Nahrungsaufnahme zwischen zehn Minuten und zwei Stunden
dauern. Wenn die Zecke einen geeigneten Ort zum Blutsaugen
gefunden hat, dringt sie in die Haut des Wirts ein und schneidet
ein Loch in die Oberfläche. Sie saugt Blut, indem sie ein Loch

in die Epidermis des Wirts schneidet, in das sie ihr Hypostom
einführt, und verhindert die Blutgerinnung, indem sie ein
Antikoagulans oder einen Thrombozytenaggregationshemmer
absondert.

Zecken finden ihre Wirte, indem sie den Atem und die
Körpergerüche von Tieren wahrnehmen und Körperwärme,
Feuchtigkeit oder Vibrationen spüren. Ein weit verbreitetes
Missverständnis über Zecken ist, dass sie auf ihren Wirt
springen. Sie sind jedoch nicht in der Lage zu springen, obwohl
sich gezeigt hat, dass statische Elektrizität von ihren Wirten die
Zecke über Entfernungen ziehen kann, die ein Vielfaches ihrer
eigenen Körperlänge betragen. Viele Zeckenarten,
insbesondere Ixodidae, lauern in einer Position, die als
„Questing" bekannt ist. Während sie auf Beute lauern,
klammern sich Zecken mit ihrem dritten und vierten Beinpaar
an Blättern und Gräsern fest. Sie strecken das erste Beinpaar
aus und warten darauf, einen vorbeikommenden Wirt zu
ergreifen und auf ihn zu klettern. Die Höhe, in der Zecken auf
Beute lauern, hängt in der Regel von der Größe des
gewünschten Wirts ab. Nymphen und kleine Arten lauern in
Bodennähe, wo sie auf kleine Säugetiere oder Vögel als Wirte
treffen können. Erwachsene klettern höher in die Vegetation,
wo sie auf größere Wirte treffen können. Einige Arten sind
Jäger und lauern in der Nähe von Orten, an denen sich Wirte
ausruhen können. Wenn sie einen Geruchsreiz oder eine andere
Umgebungsreaktion wahrnehmen, kriechen oder laufen sie
über die dazwischenliegende Oberfläche.

Andere Zecken, hauptsächlich die Argasidae, sind nidicol, d. h.
sie finden ihre Wirte in Nestern, Höhlen oder Erdlöchern. Sie
nutzen die gleichen Reize wie nicht nidicol Arten, um Wirte zu

identifizieren, wobei Körperwärme und Gerüche oft die Hauptfaktoren sind. Viele von ihnen ernähren sich hauptsächlich von Vögeln, obwohl einige Ornithodoros-Arten sich beispielsweise von kleinen Säugetieren ernähren. Beide Gruppen von Weichzecken ernähren sich schnell, beißen in der Regel schmerzhaft zu und trinken sich innerhalb von Minuten voll. Im Gegensatz zu den Ixodidae, die keinen festen Aufenthaltsort haben, außer auf dem Wirt, leben sie im Sand, in Felsspalten in der Nähe von Tierhöhlen oder Nestern oder in menschlichen Behausungen, wo sie nachts herauskommen, um Vögel zu attackieren, die auf einem Schlafplatz sitzen, oder wenn sie Kohlendioxid im Atem ihrer Wirte wahrnehmen.

Ixodidae bleiben an ihrem Platz, bis sie vollständig gesättigt sind. Ihr Gewicht kann sich im Vergleich zu ihrem Gewicht vor der Nahrungsaufnahme um das 200- bis 600-fache erhöhen. Um diese Ausdehnung zu ermöglichen, findet eine Zellteilung statt, um die Vergrößerung der Kutikula zu erleichtern. Bei den Argasidae dehnt sich die Kutikula der Zecke, um die aufgenommene Flüssigkeit aufzunehmen, aber es wachsen keine neuen Zellen, und das Gewicht der Zecke steigt im Vergleich zum nüchternen Zustand um das Fünffache bis Zehnfache. Die Zecke fällt dann vom Wirt ab und bleibt normalerweise im Nest oder in der Höhle, bis ihr Wirt zurückkehrt, um sie mit der nächsten Mahlzeit zu versorgen.

Der Speichel von Zecken enthält je nach Zeckenart etwa 1.500 bis 3.000 Proteine. Die Proteine mit entzündungshemmenden Eigenschaften, die Evasine, ermöglichen es Zecken, sich acht bis zehn Tage lang zu ernähren, ohne vom Wirtstier bemerkt zu werden. Forscher untersuchen diese Evasine mit dem Ziel,

Medikamente zu entwickeln, die die Chemokine neutralisieren, die Myokarditis, Herzinfarkt und Schlaganfall verursachen.

Zecken ernähren sich ausschließlich von Wirbeltierblut und nehmen daher große Mengen an Proteinen, Eisen und Salz, aber nur wenige Kohlenhydrate, Lipide oder Vitamine auf. Das Genom der Zecken hat sich im Laufe der Evolution um eine Vielzahl von Genen erweitert, die mit dieser ernährungsbedingten Herausforderung zusammenhängen, aber sie selbst können die essentiellen Vitamine, die in der Blutmahlzeit fehlen, nicht synthetisieren. Um diese Nährstoffdefizite auszugleichen, haben Zecken eine obligatorische Interaktion mit nährstoffliefernden Endosymbionten entwickelt. Das erste Auftreten von Zecken und ihre spätere Diversifizierung wurden weitgehend durch diese seit Millionen von Jahren bestehende nährstoffliefernde Endosymbiose bedingt. Die häufigsten dieser ernährungsbedingten Endosymbionten gehören zu den Bakteriengattungen Coxiella und Francisella. Diese intrazellulären symbiotischen Mikroorganismen sind speziell mit Zecken assoziiert und nutzen die transovarielle Übertragung, um ihre Persistenz zu gewährleisten. Obwohl Coxiella- und Francisella-Endosymbionten entfernt verwandte Bakterien sind, haben sich in Richtung eines analogen, auf B-Vitaminen basierenden, gegenseitigen Nährstoffaustauschs mit Zecken entwickelt. Ihre experimentelle Beseitigung führt in der Regel zu einer verminderten Überlebensrate, Häutung, Fruchtbarkeit und Eientwicklung der Zecken sowie zu körperlichen Anomalien, die alle durch eine orale Supplementierung mit B-Vitaminen vollständig wiederhergestellt werden. Die Genomsequenzierung von Coxiella- und Francisella-Endosymbionten ella-

Endosymbionten bestätigte, dass sie durchweg drei B-Vitamine produzieren: Biotin (Vitamin B7), Riboflavin (B2) und Folsäure (B9). Da sie für den Lebenszyklus der Zecke erforderlich sind, sind diese obligaten Endosymbionten in allen Individuen der Zeckenarten, die sie infizieren, vorhanden, zumindest zumindest in den frühen Entwicklungsstadien, da sie bei Männchen während der Nymphenentwicklung sekundär verloren gehen können. Da Coxiella- und Francisella-Endosymbionten eng mit Krankheitserregern verwandt sind, besteht ein erhebliches Risiko der Fehlidentifizierung zwischen Endosymbionten und Krankheitserregern, was zu einer Überschätzung der mit Zecken verbundenen Infektionsrisiken führt.

Verbreitung und Lebensraum

Zeckenarten sind weltweit verbreitet. Sie gedeihen in der Regel besser in warmen, feuchten Klimazonen, da sie für ihre Metamorphose eine gewisse Luftfeuchtigkeit benötigen und niedrige Temperaturen die Entwicklung von Eiern zu Larven hemmen. Das Auftreten von Zecken und durch Zecken übertragene Krankheiten beim Menschen nimmt zu. Zeckenpopulationen breiten sich in neue Gebiete aus, was teilweise auf die Erwärmung durch den Klimawandel zurückzuführen ist.

Zeckenparasiten sind bei Wirbeltieren weit verbreitet, darunter Beuteltiere und Plazentatiere, Vögel, Reptilien (Schlangen, Leguane und Eidechsen) und Amphibien.62 Zecken bei Haustieren verursachen durch die Übertragung von Krankheitserregern, die Anämie durch Blutverlust und die Beschädigung von Wolle und Felle schädigt. Die tropische

Bont-Zecke richtet in Afrika, der Karibik und mehreren
anderen Ländern verheerende Schäden an Nutz- und Wildtieren
an, indem sie Krankheiten, insbesondere die Herzwasser-
Krankheit, verbreitet. Die spitze Ohrenzecke ist weltweit
verbreitet. Die Jungtiere ernähren sich von den Ohren von
Rindern und verschiedenen Wildtieren.

Ein von Zecken bevorzugter Lebensraum ist die Schnittstelle
zwischen Rasen und Wald oder allgemeiner ausgedrückt der
Ökoton, ein nicht gepflegter Übergangslebensraum zwischen
Wald und offenen Flächen. Eine Strategie zur
Zeckenbekämpfung besteht daher darin, Laub, Gestrüpp und
Unkraut am Waldrand zu entfernen.67] Zecken bevorzugen
schattige, feuchte Laubstreu mit einer Baum- oder
Strauchschicht. Im Frühjahr legen sie ihre Eier an solchen
Orten ab, sodass die Larven im Herbst schlüpfen und in die
niedrig wachsende Vegetation kriechen können. Der 3 Meter
breite Streifen, der dem Rasen am nächsten liegt, ist eine
Zeckenzone, in der 82 % der Zeckenlarven im Rasen gefunden
werden.

Ökologie

Im Allgemeinen kommen Zecken überall dort vor, wo ihre
Wirtsarten vorkommen. Zugvögel tragen Zecken auf ihren
Wanderungen mit sich; eine Studie über Zugvögel, die Ägypten
durchqueren, ergab, dass mehr als die Hälfte der untersuchten
Vogelarten Zecken mit sich führten. Es wurde auch beobachtet,
dass die Zeckenarten je nach Jahreszeit der Wanderung
variierten, in dieser Studie sind es die Frühlings- und

Herbstwanderungen, was vermutlich auf die saisonalen
Periodizitäten der verschiedenen Arten zurückzuführen ist.

Damit ein Ökosystem Zecken beherbergen kann, muss es zwei
Voraussetzungen erfüllen: Die Populationsdichte der Wirtsarten
in dem Gebiet muss hoch genug sein, und es muss feucht
genug sein, damit die Zecken ausreichend mit Feuchtigkeit
versorgt werden können. Aufgrund ihrer Rolle bei der
Übertragung der Lyme-Borreliose wurden Ixodid-Zecken,
insbesondere die nordamerikanische I. scapularis, mithilfe
geografischer Informationssysteme untersucht, um
Vorhersagemodelle für ideale Zeckenhabitate zu entwickeln.
Diesen Studien zufolge sind bestimmte Merkmale eines
bestimmten Mikroklimas – wie sandiger Boden, Laubbäume,
Flüsse und das Vorhandensein von Rotwild – gute Indikatoren
für eine hohe Zeckenpopulation.

Milben und Fadenwürmer ernähren sich von Zecken, die auch
eine geringe Nahrungsquelle für Vögel darstellen. Noch
wichtiger ist, dass Zecken als Krankheitsüberträger fungieren
und als Hauptwirte vieler verschiedener Krankheitserreger wie
Spirochäten dienen. Zecken übertragen verschiedene
schwächende Krankheiten, daher können Zecken bei der
Kontrolle von Tierpopulationen und der Verhinderung von
Überweidung helfen.

Zecken können eine Reihe von Infektionskrankheiten
übertragen, die Menschen und andere Tiere befallen. Zecken,
die zoonotische Krankheitserreger übertragen, haben oft einen
breiten Wirtsspektrum. Die infektiösen Erreger können nicht
nur in der erwachsenen Zecke, sondern auch in den Eiern, die
von den Weibchen reichlich produziert werden, vorhanden

sein. Viele Zeckenarten haben ihre Verbreitungsgebiete aufgrund der Bewegungen von Menschen, Haustieren und Nutztieren erweitert. Durch die zunehmende Teilnahme an Outdoor-Aktivitäten wie Wanderungen in der Wildnis sind immer mehr Menschen und ihre Hunde Zecken ausgesetzt

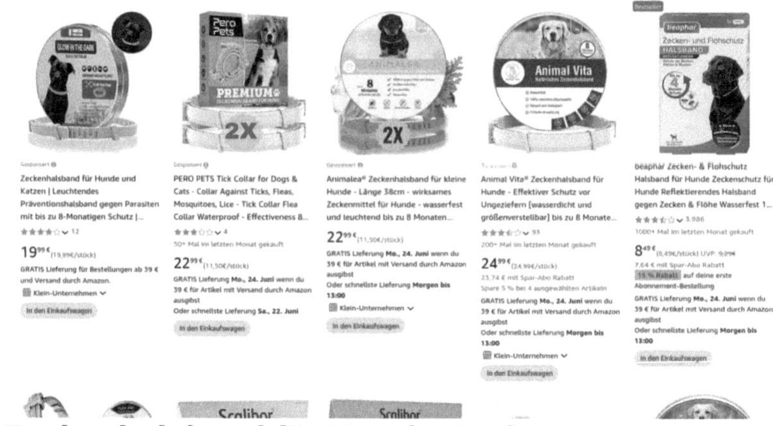

Zeckenhalsband für Hunde Suche Amazon

https://amzn.to/4clAm1u

Lebenszyklus

Alle drei Zeckenfamilien haben vier Lebenszyklusstadien: Ei, Larve, Nymphe und Erwachsene.

Ixodidae-Zecken haben drei verschiedene Lebenszyklen. Je nach Art können Ixodiden entweder einen Einwirt-

Lebenszyklus, einen Zweiwirt-Lebenszyklus oder einen Dreiwirt-Lebenszyklus haben.

Einwirt-Zecken

Bei den Zecken mit einem Wirt verbleibt die Zecke während der Larven-, Nymphen- und Erwachsenenstadien auf dem Wirt, verlässt diesen jedoch, um Eier zu legen. Die in der Umgebung abgelegten Eier schlüpfen zu Larven, die sofort einen Wirt suchen, an dem sie sich festsetzen und ernähren können. Die gefütterten Larven häuten sich zu ungefütterten Nymphen, die auf dem Wirt verbleiben. Nachdem sie sich am Blut des Wirts vollgesogen haben, häuten sich die Nymphen zu geschlechtsreifen Erwachsenen, die auf dem Wirt bleiben, um sich zu ernähren und zu paaren. Sobald ein Weibchen sich ernährt hat und bereit ist, Eier zu legen, verlässt es den Wirt auf der Suche nach einem geeigneten Ort, um seine Eier abzulegen. Zecken, die diesem Lebenszyklus folgen, werden als Einwirtzecken bezeichnet. Die Winterzecke Dermacentor albipictus und die Rinderzecke Boophilus microplus sind Beispiele für solche Zecken, die nur einen Wirt haben.

Zecken mit zwei Wirten

Der Lebenszyklus einer Zecke, die zwei Wirte befällt, erstreckt sich oft über zwei Jahre. Im Herbst lässt die schwangere weibliche Zecke ihren zweiten Wirt fallen und legt ihre Eier ab. Die Eier schlüpfen im Winter, im darauffolgenden Frühjahr schlüpfen die Larven und heften sich an ihren ersten Wirt.

Frisch geschlüpfte Larven heften sich an einen Wirt, um Blut zu saugen. Sie bleiben auf dem Wirt und entwickeln sich dann zu Nymphen. Sobald sie sich vollgesogen haben, lassen sie den Wirt fallen und suchen sich einen sicheren Ort in der Natur, an dem sie sich in ausgewachsene Zecken häuten können. Dies geschieht in der Regel im Winter. Sowohl männliche als auch weibliche ausgewachsene Zecken suchen sich einen Wirt, an dem sie sich festsaugen können. Dabei kann es sich um dasselbe Tier handeln, das ihnen während ihrer frühen Entwicklung als Wirt gedient hat, häufig ist es jedoch ein größeres Säugetier. Sobald sie sich festgesaugt haben, ernähren sie sich und paaren sich. Gravid Weibchen lassen sich vom Wirt fallen, um ihre Eier in der Umgebung abzulegen. Zecken, die ihren Lebenszyklus auf diese Weise abschließen, werden als Zweiwirt-Zecken bezeichnet, wie Hyalomma anatolicum excavatum.

Dreiwirt-Zecken

Die meisten Ixodid-Zecken benötigen drei Wirte, und ihr Lebenszyklus erstreckt sich in der Regel über drei Jahre. Das weibliche Tier verlässt seinen Wirt, oft im Herbst, und legt Tausende von Eiern ab. Die Larven schlüpfen im Winter und entwickeln sich im Frühjahr. Wenn die Larven schlüpfen, heften sie sich an und ernähren sich hauptsächlich von kleinen Säugetieren und Vögeln. Im Sommer werden die Larven prall und verlassen den ersten Wirt, um sich zu häuten und zu Nymphen zu werden. Dies geschieht oft im Herbst. Im folgenden Frühjahr schlüpfen die Nymphen und suchen sich einen neuen Wirt, oft ein kleines Nagetier. Die Nymphen werden vollgesogen und fallen im Herbst vom Wirt ab, um sich zu häuten und erwachsen zu werden. Im folgenden Frühjahr schlüpfen die erwachsenen Zecken und suchen sich einen größeren Wirt, oft ein großes Säugetier wie Rinder oder sogar Menschen. Die Weibchen paaren sich auf ihrem dritten Wirt. Die erwachsenen Weibchen saugen sich dann mit Blut voll und bereiten sich darauf vor, abzufallen, um ihre Eier auf den Boden zu legen, während die Männchen nur wenig Blut aufnehmen und auf dem Wirt bleiben, um sich weiterhin mit anderen Weibchen zu paaren.

Argasidae

Argasidae-Zecken durchlaufen im Gegensatz zu Ixodidae-Zecken bis zu sieben Nymphenstadien (Instar), wobei sie jedes Mal eine Blutmahlzeit benötigen. Oftmals erfolgt die Eiablage und Paarung getrennt vom Wirt in einer sicheren Umgebung. Die Eier schlüpfen und die Larven ernähren sich von einem in der Nähe befindlichen Wirt, je nach Zeckenart für einige Stunden bis zu mehreren Tagen. Nach der Nahrungsaufnahme fallen die Larven ab und häuten sich in ihre ersten Nymphenstadien. Anschließend sucht sich die Nymphe innerhalb einer Stunde einen zweiten Wirt, der oft mit dem ersten identisch ist, und ernährt sich von ihm. Dieser Vorgang wiederholt sich, bis das letzte Nymphenstadium erreicht ist, sodass sich die Zecke in einen erwachsenen Organismus häuten kann. Sobald sie erwachsen sind, ernähren sich diese Zecken schnell und regelmäßig über ihren gesamten Lebenszyklus. Bei einigen Arten kann ein erwachsenes Weibchen nach jeder Nahrungsaufnahme Eier legen. Ihre Lebenszyklen dauern zwischen einigen Monaten und mehreren Jahren. Eine ausgewachsene weibliche Argasid-Zecke kann im Laufe ihres Lebens einige hundert bis über tausend Eier legen. Sowohl männliche als auch weibliche Zecken ernähren sich von Blut und paaren sich außerhalb des Wirts. Während der Nahrungsaufnahme wird überschüssige Flüssigkeit über die Coxal-Drüsen ausgeschieden, ein Vorgang, der nur bei Argasid-Zecken vorkommt.

Nuttalliellidae

Nuttalliellidae ist eine schwer fassbare monotypische Zeckenfamilie, d. h. sie umfasst nur eine einzige Art, Nuttalliella namaqua. Über den Lebenszyklus und die Ernährungsgewohnheiten von N. namaqua ist wenig bis gar nichts bekannt, aber es wird spekuliert, dass diese Zeckenart mehrere verschiedene Wirte hat.

Informationen vom RKI

In diesem Kapitel fasse ich für Sie in Stichworten die Informationen zusammen, welche vom RKI bereitgestellt wurden. Für die Original-Texte besuchen Sie die Webseite rki.de

Welche Krankheiten können in Deutschland durch Zecken übertragen werden?

- **Borreliose**: Durch Zecken übertragene Bakterieninfektion, bundesweit verbreitet.
- **Frühsommer-Meningoenzephalitis (FSME)**: Virale Erkrankung, hauptsächlich im süddeutschen Raum.
- Weitere seltene durch Zecken übertragene Krankheiten in Deutschland .

Den Körper nach Zeckenstichen untersuchen und Schutzmaßnahmen ergreifen ist wichtig . Wenn eine infizierte Zecke sticht, können FSME oder Borreliose übertragen werden .: RKI. (2024). FSME-Risikogebiete in Deutschland. Abgerufen von www.rki.de/fsme-karte: RKI. (2024). Zecken und Zeckenstiche. Abgerufen von www.rki.de/zecken

Wann kommen Zecken vor?

- Zecken sind mehrjährige Tiere.

- Sie sind ab einer Temperatur von etwa 8 Grad aktiv.

- Je nach Art und Stadium kann man Zecken das ganze Jahr über finden.

- Die größte Aktivität findet sich im Frühling und Herbst.

- FSME tritt bevorzugt im Frühjahr, Sommer und Herbst auf, abhängig von der Aktivität der virustragenden Zecken.

- Bei warmer Witterung können Infektionen vereinzelt auch im Winter auftreten.

- Das saisonale Vorkommen von Borreliose ist vergleichbar.

Welche Rolle spielt der Klimawandel bei der Verbreitung von Zecken und zeckenübertragenen Erkrankungen?

Die Verbreitung und Aktivität der Ixodes-Zecken hängt von Klima- und Umweltfaktoren ab. Wärmere Temperaturen begünstigen die Zecken, während trockenere Witterung ihre Dichte verringert. Dies beeinflusst die Übertragungsrisiken von FSME-Viren und Borrelien sowie die Häufigkeit zeckenübertragener Erkrankungen. Nicht-heimische Zeckenarten wie die Hyalomma-Zecken könnten sich durch den Klimawandel in Deutschland etablieren und neue Krankheiten übertragen. Das menschliche Verhalten, insbesondere bei höheren Temperaturen, beeinflusst ebenfalls die Häufigkeit von Zeckenstichen und Infektionen. (Quelle: Journal of Health Monitoring S3/2023)

Wie gefährlich sind Hyalomma-Zecken, die ab und zu in Deutschland gefunden werden?

Die Hyalomma-Zecken sind in Teilen Asiens, Afrikas und einigen Regionen Südosteuropas verbreitet. Es gibt insgesamt

27 verschiedene Arten. Diese Zecken sind etwa doppelt so groß wie Ixodes ricinus und haben gestreifte Beine, mit denen sie schnell auf ihre Beute zukrabbeln können.

Seit 2007 wurden auch in Deutschland Hyalomma-Zecken gefunden. Sie gelangen als Larven und Nymphen mit Zugvögeln im Frühjahr hierher und entwickeln sich im Sommer zu adulten Zecken. Diese treten meist im Sommer und Spätsommer auf und sind hierzulande nach wie vor selten. Pro Jahr werden zwischen zwei und etwa 20 Exemplare ans RKI geschickt.

Hyalomma-Zecken können gefährliche Krankheitserreger übertragen, darunter das Krim-Kongo-Virus, das beim Menschen das schwere Krim-Kongo-Hämorrhagische-Fieber (CCHF) verursacht. Allerdings tragen nicht alle Hyalomma-Zecken das Virus in sich. Sie müssen es zuvor von einem infizierten Tier aufgenommen haben. In Deutschland kommt das Virus bei Wild- oder Nutztieren nicht vor, aber es ist denkbar, dass Larven und Nymphen, die über Zugvögel nach Deutschland kommen, das Virus in sich tragen. Das RKI führt molekularbiologische Untersuchungen (Barcoding) und Untersuchungen auf Pathogene durch.

In Deutschland wurden bisher nur die beiden Hyalomma-Arten Hyalomma marginatum und Hyalomma rufipes gefunden.

Diese Zecken sind ab Temperaturen von etwa 12 Grad Celsius aktiv, und tiefere Temperaturen scheinen sie nicht zwangsläufig zu behindern, wie Funde aus den Herbstmonaten zeigen.

Wissenschaftler gehen davon aus, dass jedes Jahr Millionen von Hyalomma-Larven oder -Nymphen mit Zugvögeln nach Deutschland gelangen. Dennoch werden vergleichsweise wenige adulte Hyalomma-Zecken gefunden oder berichtet. Ob langfristig eine Hyalomma-Population in Deutschland entstehen kann, ist trotz vereinzelter Nymphenfunde, die hier geschlüpft sein müssen, noch unklar. Weiter steigende Temperaturen und eine zunehmend geringere Luftfeuchtigkeit könnten jedoch dazu beitragen.

Gefundene Hyalomma-Zecken können (fixiert mit einem Klebestreifen auf Papier) ans RKI geschickt werden: Robert Koch-Institut, ZBS 1 –„Zecke", Seestraße 10, 13353 Berlin.

Stand: 02.05.2024

Wie gelangen die Zecken auf den Menschen?

In Deutschland ist der Gemeine Holzbock (Ixodes ricinus) die am weitesten verbreitete Zeckenart. Er ist für den größten Teil der Zeckenstiche bei Menschen verantwortlich. Diese Schildzeckenart kommt vorwiegend in Europa vor[1]. Die

Zecken klettern auf exponierte Stellen wie Grashalme, Gebüsche oder herumliegendes Totholz und warten in einer Höhe von weniger als einem Meter, häufig sogar nur zwischen 10 und 50 cm über dem Boden. Anders als die Ixodes-Zecken krabbeln Auwald-, Relikt- und Hyalommazecken aktiv auf den Menschen zu[1]. Zecken fallen nicht von Bäumen und können auch nicht springen.

Spricht man bei Zecken von einem Zeckenbiss oder Zeckenstich?

Der biologische Mechanismus, mit dem Zecken Blut von Tieren und Menschen entnehmen, ähnelt eher einem "Stechen" als einem "Beißen". Der Begriff "Zeckenstich" hat sich in der deutschsprachigen wissenschaftlichen Literatur in den letzten Jahren durchgesetzt. 🕷 🌢

Wohin stechen Zecken bevorzugt?

- **Saugakt von Ixodes ricinus**:
    - Dauert mehrere Tage (Larve: 2-4 Tage, Nymphe: 3-5 Tage, Adulte: 6-8 Tage).
    - Zecken sind während dieser Zeit ständig der Gefahr ausgesetzt, vom Wirt herausgerissen oder zerbissen zu werden.

- Sie suchen eine geschützte Stelle für den
    Saugakt.
- **Einstichstellen beim Menschen**:
    - Zecken stechen am Kopf (Haaransatz, Ohren).
    - Häufig auch an anderen geschützten Stellen wie
      Hals, Achseln, Ellenbeuge, Bauchnabel,
      Genitalbereich oder Kniekehle.
    - Enganliegende Kleidung wird ebenfalls als
      geschützter Ort wahrgenommen.
    - Zecken stechen auch im Hüftbereich, wo die
      Hose aufliegt, oder z.B. unter dem Uhrarmband.
- **Verzögerte Stichwahl**:
    - Die Wahl der Einstichstelle ist für das Überleben
      der Zecke entscheidend.
    - Zecken stechen nicht sofort zu, sondern laufen
      auf dem Körper umher, um eine passende
      Stichstelle zu finden.
    - Dies kann bis zu einer Stunde oder länger
      dauern. 🕷 💧

Gibt es Menschen, die für Zecken besonders attraktiv sind?

- **Attraktivität für Zecken**:
    - Forscher haben herausgefunden, dass Menschen
      mit hohem Milchsäureanteil auf ihrer Haut
      besonders attraktiv für Gelbfiebermücken
      (Aedes aegypti) sind.

- Für heimische Zeckenarten ist diesbezüglich jedoch nichts bekannt.
- **Menschliches Verhalten und Zeckenstiche**:
  - Das menschliche Verhalten ist entscheidend dafür, ob jemand häufig von Zecken gestochen wird.
  - In der Regel läuft nicht die Zecke auf den Menschen zu, sondern der Mensch streift sich Zecken von der Vegetation ab.
  - Häufiger Kontakt mit niedriger Vegetation erhöht die Wahrscheinlichkeit, eine Zecke einzufangen.
  - Besonders spielende Kinder sind gefährdet.
  - Auch abseits der Wanderwege durch Gebüsch zu gehen, birgt ein erhöhtes Risiko. 🕷

Wie hoch ist das Risiko, nach einem Stich an FSME oder Borreliose zu erkranken?

- **FSME-Virus in Zecken**:
  - Auch in den FSME-Risikogebieten Deutschlands sind nur wenige Zecken mit dem FSME-Virus infiziert.
  - Das Virusvorkommen in den Zecken kann stark schwanken (0,1% bis 5% in FSME-Risikogebieten).
  - Ein Erkrankungsrisiko nach einem einzelnen Zeckenstich lässt sich daraus nicht ableiten.

- Viele FSME-Infektionen verlaufen ohne sichtbare oder mit milden Symptomen.
  - Impfung gegen FSME ist möglich (siehe FAQ zur FSME-Impfung).
- **Borrelien in Zecken**:
  - Das Vorkommen von Borrelien in Zecken schwankt stark (bis zu 30%).
  - Nach einem Zeckenstich wurde bei 2,6 bis 5,6% der Betroffenen eine Borrelien-Infektion nachgewiesen (Serokonversion).
  - Nur ein kleiner Teil der Infizierten erkrankt.
  - Insgesamt ist bei 0,3 bis 1,4% der Zeckenstiche mit Krankheitssymptomen zu rechnen (Nahimana et al. 2004; Heininger et al. 1993; Maiwald et al. 1998; Paul et al. 1987). 🕷

Wie kann ich mich vor Zeckenstichen schützen?

1. **Geschlossene Kleidung tragen:**

   - Feste Schuhe, lange Hosen und lange Ärmel bieten Schutz.
   - Hosenbeine in die Socken stecken, um Zecken zu entdecken.

2. **Repellentien verwenden:**

   - Auf der Haut aufgetragene Akarizide schützen, aber der Schutz ist zeitlich begrenzt.

- Geeignete Repellentien auch auf die Kleidung auftragen.

3. **Nach dem Aufenthalt im Freien:**

- Körper nach Zecken absuchen und sofort entfernen.
- Besonders bei Kindern nach dem Spielen gründlich untersuchen.

4. **Stichstellen, die Zecken bevorzugen:**

- Haaransatz, Ohren, Hals, Achseln, Ellenbeuge, Bauchnabel, Genitalbereich, Kniekehle.

5. **Helle Kleidung tragen:**

- Erleichtert das Auffinden von Zecken.

6. **Katzen im Grünen:**

- Auch Katzen sollten Repellentien zur Zeckenabwehr erhalten.

Warum ist das Absuchen nach Zecken wichtig?

Natürlich! Hier sind die wichtigsten Punkte zur Übertragung von Krankheitserregern durch Zecken:

1. **Verhalten der Zecken:**

- Zecken laufen zunächst auf dem Körper oder der Kleidung umher, bevor sie zustechen.

- Regelmäßiges Absuchen ermöglicht das Entfernen der Zecken, noch bevor sie stechen.

2. **Übertragungsdauer**:

   - Nach einem Zeckenstich dauert es 1 bis 2 Tage, bis Borrelien übertragen werden.
   - FSME-Viren werden dagegen bereits kurz nach dem Stich übertragen.

3. **Entfernung von Zecken**:

   - Schnelles und vorsichtiges Entfernen der Zecke ist wichtig.
   - FSME-Viren können sofort übertragen werden, daher hilft eine schnelle Reaktion auch gegen andere Krankheitserreger.

Das rechtzeitige Entfernen von Zecken reduziert das Risiko einer Borreliose-Infektion erheblich.

Ist Duschen nach einem Aufenthalt in einem mit Zecken belasteten Gebiet sinnvoll, um Zeckenstiche zu vermeiden?

Natürlich! Hier sind die wichtigsten Punkte zur Übertragung von Krankheitserregern durch Zecken:

1. **Verhalten der Zecken**:

   - Zecken laufen zunächst auf dem Körper oder der Kleidung umher, bevor sie zustechen.

- Regelmäßiges Absuchen ermöglicht das Entfernen der Zecken, noch bevor sie stechen.

2. **Duschen als Ergänzung:**

- Duschen nach einem Aufenthalt in einem mit Zecken belasteten Gebiet kann Zeckenstiche nicht vollständig verhindern.
- Das Duschen sollte als zusätzliche Maßnahme neben dem Absuchen erfolgen.

3. **Wichtig bei gestochenen Zecken:**

- Wenn die Zecke bereits gestochen hat, ist Duschen nicht geeignet, um sie zu entfernen.
- Schnelles und vorsichtiges Entfernen der Zecke ist in diesem Fall erforderlich.

Das rechtzeitige Entfernen von Zecken reduziert das Risiko einer Borreliose-Infektion erheblich.

Wie wird eine Zecke richtig entfernt?

1. **Schnelles Handeln:**

- Sobald du einen Zeckenstich bemerkst, sollte die Zecke so schnell wie möglich entfernt werden.
- Je länger die Zecke saugt, desto höher ist das Risiko der Übertragung von Krankheitserregern.

2. **Richtige Technik:**

- Verwende eine Pinzette oder ein spezielles Zeckenentfernungsinstrument.
- Greife die Zecke möglichst hautnah an ihren Mundwerkzeugen (nicht am vollgesogenen Körper) und ziehe sie langsam heraus.
- Vermeide das Beträufeln der Zecke mit Öl oder Klebstoff, da dies den Speichelabgabe erhöhen könnte.

3. **Desinfektion der Wunde**:

- Nach der Zeckenentfernung empfiehlt sich eine sorgfältige Desinfektion der Wunde.
- Dies schützt jedoch nicht vor einer Infektion mit Borrelien oder anderen Krankheitserregern.

Denke daran, dass eine schnelle Entfernung das Risiko minimiert. Falls kein spezielles Werkzeug zur Hand ist, kannst du die Zecke auch vorsichtig mit dem Fingernagel entfernen, um die Übertragung von Erregern zu verhindern.

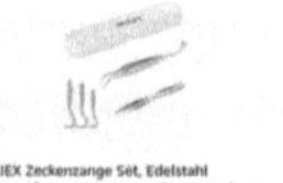

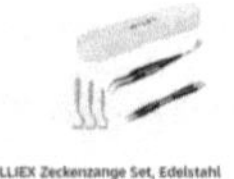

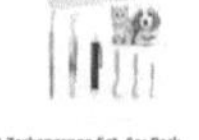

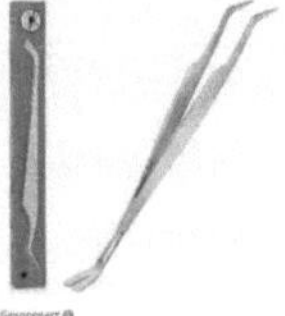

Suchergebnisse Amazon Zeckenzange:

https://amzn.to/3VN7cTk

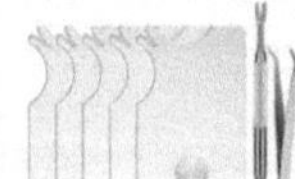
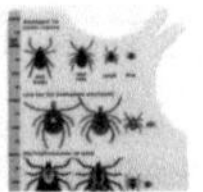

Zeckenkarte Suche Amazon

https://amzn.to/3VORUxf

Amazon Zeckenschutzmittel und Infektionssprays

https://amzn.to/3Xw5ib2

Was ist nach einem Zeckenstich zu beachten?

1. **Beobachtung der Einstichstelle**:

   - Um die Entwicklung einer Wanderröte (Erythema migrans) zu verfolgen, sollte die Einstichstelle regelmäßig beobachtet werden.
   - Ein Foto der Stichstelle kann hilfreich sein.

2. **Symptome nach Zeckenstich**:

- In den 7 bis 14 Tagen nach einem Zeckenstich und Aufenthalt in einem FSME-Risikogebiet können grippeähnliche Symptome auftreten.
- Bei Fieber, Abgeschlagenheit, Unwohlsein, Kopfschmerzen oder Gliederschmerzen sollte ein Arzt konsultiert werden.

3. **Wanderröte und Borreliose**:

- Eine deutliche ringförmige Hautrötung, typischerweise im Zentrum blasser als am Rand, kann auf eine beginnende Borreliose hinweisen.
- Bei Verdacht auf Borreliose (Wanderröte und/oder neurologische Symptome oder massive Gelenkschwellung) ist eine ärztliche Abklärung erforderlich.

Eine generelle Antibiotikatherapie nach einem Zeckenstich wird nicht empfohlen, es sei denn, es besteht ein begründeter Verdacht auf Borreliose.

Ist eine Untersuchung einer Zecke auf Infektionserreger nach einem Stich sinnvoll?

1. **Untersuchung von Zecken auf Infektionserreger**:

- Nicht sinnvoll, da ein positiver Nachweis in der Zecke nicht auf eine Infektion der betroffenen Person schließen lässt.

- Keine weiteren Behandlungsempfehlungen ableitbar.

2. **Nachweisempfindlichkeiten und negative Ergebnisse:**

   - Unterschiedliche Nachweisempfindlichkeiten der Tests.
   - Bei negativem Ergebnis dennoch mögliche Infektion nicht ausgeschlossen.
   - Übertragung durch unbemerkte Zeckenstiche denkbar.

3. **FSME-Viren und medizinische Therapie:**

   - Keine gezielte Therapie für FSME.
   - Nachweis von FSME-Viren in Zecken führt nicht zu prophylaktischen Maßnahmen.

Besteht ein Infektionsrisiko für ein ungeborenes Kind, wenn die Mutter von einer Zecke gestochen wurde?

1. **Übertragung von FSME-Infektion auf ungeborenes Kind:**

   - Theoretisch möglich, aber noch nicht beschrieben.
   - Unklare Folgen für das ungeborene Kind.

2. **Übertragung über Muttermilch:**

- FSME-infizierte Säugetiere können das Virus
  über die Muttermilch übertragen.
- Fachliteratur beschreibt keine derartigen Fälle
  bei Säuglingen.

3. **Stillen und Zeckenstich:**

- Zeckenstich in Risikogebieten spricht nicht
  gegen das Stillen.
- Wahrscheinlichkeit einer FSME-Infektion
  relativ gering.

4. **Impfung vor Schwangerschaft:**

- Frauen in FSME-Risikogebieten sollten vor
  Schwangerschaft vollständig geimpft werden.
- Schutz vor Übertragung während der
  Schwangerschaft und über Muttermilch.
- FSME-Antikörper werden auf den Fötus
  übertragen.

Können Borrelien oder FSME-Viren auch auf anderen Wegen übertragen werden?

1. **Übertragung von Borrelien und FSME-Viren:**

- Keine belastbaren Studien für Übertragung
  durch andere Wirtstiere wie Mücken.
- FSME-Übertragung durch Verzehr von
  Rohmilch oder Käse beschrieben.

- Pasteurisierte Milch vermeidet diesen Übertragungsweg.

2. **Keine Übertragung von Mensch zu Mensch:**

   - FSME-Viren und Borreliose-Bakterien werden nicht direkt übertragen.

Diese Zusammenfassung stellt keine Handlungsempfehlung dar. Wenn Sie weitere Informationen suchen, empfehle ich einen Blick auf die Webseite des Robert Koch-Instituts (RKI) zu werfen.

Über den Autor

Die Bücher von Holger Kiefer befassen sich mit populärwissenschaftlich aufgearbeiteten Themen der Gesundheit Spiritualität, aber auch mit Psychologie, Philosophie und Religion, kurzum mit dem, was uns Menschen in bestimmten Lebensphasen interessiert und uns wichtig ist. Besonders für Kinder zu empfehlen sind seine Werke zu den Themen Konzentration und Durchhaltevermögen:
Mein Ausmalbuch zum Buchstabenlernen
Intuitives Buchstaben schreiben lernen von klein auf
https://kiefer-coaching.de/02
Konzentrationstraining für Kinder von Klein bis Groß
Arbeitsbuch und Anleitung
Zur Erziehung gehört auch die Kinder für das Lernen vorzubereiten. Je eher Kinder damit anfangen, desto besser
https://kiefer-coaching.de/10
und der richtigen Ernährung für Kinder und Jugentliche:

Powerfood für Kinder und Jugendliche Gesunde Ernährung für Kinder Ratgeber für Eltern
https://heil-weg.de/22

und für die ganz Kleinen:
Horace das einzigartige Nilpferd
Das Kinderbuch - Eine Geschichte über Selbstakzeptanz
Für Kinder über 0 Jahre zum lesen und malen
https://kiefer-coaching.de/14

DER DISZIPLIN CODE
ERWEITERN SIE IHR POTENZIAL DIE KUNST DER

SELBSTDISZIPLIN
https://kiefer-coaching.de/18

Durch die Kunst des Loslassens zum inneren Frieden
https://kiefer-coaching.de/19

Weitere Titel von Holger Kiefer finden Sie auf den nächsten
Seiten

Hier zunächst Bücher zum Thema Psycho und mehr, weiter
unten zu Gesundheitsthemen und ganz am Schluss die
geitlichen und spirituellen Themen.
Psycho und mehr:
Dark Triad – Dunkle Triade
Narzissten – Psychopathen – Machiavellisten
https://kiefer-coaching.de/06

Manifestieren Sie Ihre Träume
Wie sie alle guten Dinge anziehen
https://kiefer-coaching.de/09

Gut zu wissen – so funktioniert das Gehirn
Die Geheimnisse des Gehirns: Von der Hardware zur Software
des erfolgreichen Denkens
https.//kiefer-coaching.de/08

Glücklich als Single 49 Tipps für Singles
Stars über Glück statt Einsamkeit – so gelingt es
https://kiefer-coaching.de/07

Selbstwert von innen heraus
Eine Reise zu mehr Selbstbewusstsein und Selbstachtung
Selbstwertgefühl steigern und negative Selbstkritik zu
überwinden

https://kiefer-coaching.de/16

Befreie dein Leben: Die Macht des Loslassens verstehen und nutzen
https://kiefer-coaching.de/17

Ein spannendes Interview:
Lernen von einem CIA-Agenten – die psychologische Kriegsführung
USA, China, Russland, Europa – jeder ist in Gefahr – Ein CIA-Insider packt aus
https://kiefer-coaching.de/11

Bei allem Ernst darf es auch etwas lustiges sein. Haben Sie schon von den Schildbürgern gehört?

Das Schildbürger Buch anno dazumal
Eine moderne Neuerzählung für alles Altersgruppen
Geschenkausgabe, sehr edel
https://kiefer-coaching.de/05

Weihnachtbaumverbot Kita: Die verrückten Entscheidungen der Schildbürger
Schildbürgerstreich Kindergarten: Wie der Weihnachtsbaum verbannt wurde
https://kiefer-coaching.de/04

Die Schildbürger im Wokeness-Wahn
Absurde Geschichten und satirische Einblicke
https://kiefer-coaching.de/01

Die Happy Ramadan Beleuchtung der Schildbürger-Partei
Schildbürgerstreich zum Fastenmonat
https://kiefer-coaching.de/03

Gesundheit und mehr

Alles über Sonnenbrand
Bewährte Hausmittel bei Sonnenbrand und mehr
Es bietet wissenschaftliche Detail-Informationen
https://heil-weg.de/02

Marc Segar ich habe Asperger-Syndrom
Mein Leben, meine Erfahrung, wie man als Autist besser
überlebt
https://heil-weg.de/03

Depressionen besser verstehen und überwinden für Kinder
Jugendliche Erwachsene
Ratgeber Neurologie Depression
https://heil-weg.de/04

CBD-Öl zur Behandlung von Autismus Studie bei Autismus-
Spektrum-Störung
Wenn Neuleptil, Abilify, Tavor bei Autismus-Spektrum-
Störungen nicht helfen
https://heil-weg.de/05

Autismus und Schlaf bei Autismus-Spektrum-Störungen
Studien zur Behandlung und Bewältigung von
Schlafproblemen mit Autismus-Spektrum-Störungen
https://heil-weg.de/06

Stammzelltherapie bei Autismus
Pro und Kontra: Aktuelle Studien – S3-Leitlinie
https://heil-weg.de/07

Diagnose Insomnie – Schlafstörung
Neurodegenerative Erkrankung Schlafstörungen
https://heil-weg.de/08

So entsteht ein Mensch – von der Befruchtung bis zur Geburt
Ratgeber Schwangerschaft – Alle Phasen der Entwicklung von
Mutter und Kind
https://heil-weg.de/09

Alkohol Krankheiten und ihre Folgen Krebs durch Alkohol das
KrebsrisAlkoholiker welche Krebsarten löst Alkohol aus –
Erfahrungen - Informationen zu Alkoholsuchtiko Alkoholismus
Alkoholiker welche Krebsarten löst Alkohol aus- Erfahrungen -
Informationen zur Alkoholsucht
https://heil-weg.de/10

Krebs durch Alkohol das Krebsrisiko
Fachbuch Welche Krebsarten löst Alkohol aus – Erfahrungen –
Informationen
https://heil-weg.de/11

Alkoholentzug und Entzugserscheinungen
Alkoholentzugssyndrom – Alkoholismus Alkoholentzug
Therapie bei Alkoholabhängigkeit
https://heil-weg.de/12

Lehrbuch Alkohol für Ärzte, Mediziner, Therapeuten zum
Thema Alkoholismus
Fachbuch Alkoholismus Leitfaden für Fachkräfte
https://heil-weg.de/13

Ernährung für einen gesunden Darm
Empfohlene Ernährungstipps für eine gesunde Verdauung nicht

nur bei Magen-Darmproblem
https://heil-weg.de/14

Basiswissen Alzheimer: Verständliche Erklärungen der
wichtigsten Fachbegriffe
Alzheimer Demenz, Symptome und Hilfe für Angehörige
https://heil-weg.de/15

Schlafstörungen bei Alzheimer
Anzeichen für Alzheimer Schlafprobleme bewältigen –
Prävention, neue Medikamente und Studien
https://heil-weg.de/16

Erworbene Hirnverletzung Schädel-Hirn-Trauma SHT –
Schädel-Hirn-Verletzung
Gehirnverletzung Anzeichen Symptome Behandlung Verlauf
Folgen und Spätfolgen von Schädel Hirn Trauma
https://heil-weg.de/17

Abulie und Akinetischer Mutismus Symptome Mangel an
Willenskraft, Initiative, Antriebslosigkeit, Langsamkeit des
Denkens Bradyphrenie
Abulie: Das stille Ringen um Willenskraft - Verlorene
Emotionen, erstarrte Handlungen, Denkstörungen. Der Begriff
ist auch unter der Bezeichnung Abulia bekannt.
https://heil-weg.de/18

Die Darmkur zur Darmsanierung durch Darmflora Aufbau
Anleitung zur Darmkur: Wie die Darmreinigungskur die
Darmsanierung und Darmflora Aufbau unterstützt
https://heil-weg.de/19

Das Schlaf Buch – Schlaf gut ohne Schlafprobleme
Schlaflosigkeit? – Endlich den Schlaf verbessern – nie mehr

Schlaflos bei Agrypnie, Insomnie und Hyposomnie
https://heil-weg.de/20

Das Rückenprobleme Buch – Rückenschmerzen was hilft
schnell
Heilverfahren TCM, Ayurveda, Übungen zusätzlich Ursachen
Ödeme und Psychosomatische Beschwerden
https://heil-weg.de/21

Geistliche Themen

Friedensnobelpreis 2023 für die iranische Aktivistin Narges
Mohammadi
Narges Mohammadi Verfechterin von Gleichberechtigung und
Frauenrechten im Iran
https://kiefer-coaching.de/15

Philosophen über Zufriedenheit
Zufriedenheit lernen für Zufriedenheit Glück
https://heil-weg.de/01

Der berühmteste Vortrag von Hermes Trismegistus dem
Dreimaligen Großen mit Asklepios Die vollkommene Rede
Hermes Trismegistos im Dialog mit Asklepius Gott der
Heilkunst
https://priester-schamane.de/01

Sprich diese 3 magischen Worte, um deine Wünsche zu
manifestieren - Neville Goddard
Wunscherfüllung mit Neville Goddard: Brückenschlag
zwischen persönlichem Verlangen und göttlichem Plan?
https://priester-schamane.de/02

Impressum:

Holger Kiefer
Kopernikusstr. 14
D-90766 Fürth
beratungholgerkiefer@gmx.de
0162-9291723